학생이 질문하는
즐거운 수업 만들기

중등활동편

학생이 질문하는
즐거운 수업 만들기 중등활동편

2020년 8월 17일 초판 1쇄 펴냄
2024년 5월 31일 초판 4쇄 펴냄

지은이 정혜승·김소현·김지연·서수현·윤구희·한기덕

책임편집 정세민
편집 정용준
디자인 김진운
일러스트 전세진
본문조판 토비트
마케팅 김현주

펴낸이 윤철호
펴낸곳 (주)사회평론아카데미
등록번호 2013-000247(2013년 8월 23일)
전화 02-326-1545
팩스 02-326-1626
주소 03993 서울특별시 마포구 월드컵북로6길 56
이메일 academy@sapyoung.com
홈페이지 www.sapyoung.com

ISBN 979-11-89946-63-0 93370

학생이 질문하는
즐거운 수업 만들기

중등활동편

정혜승 · 김소현 · 김지연 · 서수현 · 윤구희 · 한기덕 지음

사회평론아카데미

책을 내면서

고대 그리스의 철학자 소크라테스가 누군가를 가르칠 때 사용했던 방법이 무엇인지 알고 계시나요? 널리 알려진 대로, 소크라테스는 질문을 던지고 대답을 듣고 또 질문을 던지는 방식으로 사람들을 진리의 세계로 이끌었습니다. 이렇듯 질문과 그에 대한 답으로 이어지는 가르침은 아주 오래전부터 좋은 교육 방법으로 여겨져 지금까지 활용되고 있습니다.

요즈음 우리 교실에서도 선생님들이 좋은 질문으로 학생과 상호작용하는 수업을 자주 볼 수 있습니다. 그러나 아직까지 학생이 질문하고 학생과 선생님이 서로 답하면서 배움을 이어가는 수업은 좀처럼 이루어지지 않는 것 같습니다. 그 이유에는 여러 가지가 있을 것입니다. 가르치는 사람의 입장에서 보면 학생이 성취해야 할 수업 목표와 내용인 '진도'가 마음을 바쁘게 만들곤 합니다. 정해진 시간 안에 가르쳐야 할 것들이 너무 많아 학생들에게 질문할 시간을 충분히 주기 어려운 것도 사실입니다. 배우는 사람의 입장에서는 자신이 모르는 것을 남에게 드러낼 용기가 부족해서, 굳이 질문할 필요성이나 동기를 갖지 못해서, 질문을 하고 싶지만 어떻게 질문해야 하는지 알지 못해서 질문을 하지 못하는 경우도 많습니다.

이 책의 저자들은 모두 중·고등학교 또는 대학에서 학생을 가르치고 있습니다. 솔직히 고백하자면, 이 책을 쓰기 전까지 저자들도 학생의 질문을 반기기만 한 것은 아니었습니다. 중요하지도 않은 것 같은 학생의 질문에 답을 하려다 긴 시간을 할애해야 했던 경험이 있어서 그랬을까요? 이미 질문에 대한 답을 알고 있는 다수의 학생들이 질문과 답이 오가는 과정을 지루해하는 모습을 봤기 때문일까요? 혹여 학생의 질문이 수업의 흐름을 깨트리지는 않을까 하는 걱정 때문에 질문을 그리 반가워하지 않았을지도 모릅니다.

이처럼 우리는 학생이 적극적으로 질문하고 탐구하고 토론하는 수업에 대해 머릿속으로는 좋은 수업 방법이라고 믿고 있지만 이를 실천하는 데에는 어려움을 겪고 있습니다. 그러나 우리가 학생과 만나는 본질적인 이유가 배움을 통해 학생이 성장하도록 도와

주는 것이라는 점을 생각한다면, 어려움 속에서도 학생이 질문하고 선생님과 학생이 함께 질문에 답해 가면서 깊이 있는 배움을 추구하는 수업을 해야 할 것입니다. '선생님만' 열정적인 수업에서는 진정한 배움이 일어나기 어렵고 지속되기도 쉽지 않기 때문입니다. 진정한 배움은 학생과 선생님이 서로 소통하고 만날 때 가능합니다. '질문'은 이러한 교육적 소통을 위한 수단이며, 학생의 배움을 열어 주는 열쇠가 될 수 있다는 점에서 그 자체가 교육 목표이기도 합니다.

질문은 인간의 타고난 능력입니다. 또한 자신과 타인을 이해하고 세상을 살아가는 데 필요한 지식을 얻기 위한 본능이기도 하지요. 그래서 인간은 말을 배우는 순간부터 저절로 질문을 하기 시작합니다. 그런데 나이가 들고 성장하면서 이러한 능력이 점차 계발되고 나아지는 것이 아니라 오히려 위축되고 소멸되는 경향을 보이는 것은 참으로 안타까운 일입니다. 질문하는 능력을 복원하고 더 좋은 질문을 하도록 도와주고 가르치는 것, 이것이 우리 선생님들이 해야 할 일입니다.

학생의 질문 능력을 길러주기 위해 이 책은 왜 질문이 필요한지, 어떻게 질문에 접근하고 어떤 방법으로 질문을 만들어야 하는지, 질문하는 교실은 어떻게 만들 수 있을지에 대한 내용을 쉽고 친근하게 담아냈습니다. 저자들은 교육자로서의 경험과 연구를 바탕으로 질문에 쉽게 접근하는 방법, 질문을 활용하여 더 높은 수준의 학업 성취에 도달할 수 있는 방법, 질문을 토대로 자신과 주변을 되돌아보는 방법을 고민했습니다. 그리고 이를 구체적인 활동으로 구상하고 실제 수업 현장에 적용해 보면서 다듬어 나갔습니다. 이 책에 제시된 33가지 질문 활동은 그 고민과 실천의 결과물입니다.

저자들은 이 책을 집필하면서 학생이 만들어 내는 질문을 만나는 기쁨을 경험했습니다. 그리고 그 과정에서 우리의 삶에 질문이 없다면 어떻게 될까 스스로 묻기도 하였습니다. 아마 모든 것을 혼자 찾고 혼자 짐작하고 혼자 예측해야만 하겠죠. 질문이 없다면 우리의 삶은 지금보다 훨씬 더 불편하고 고독할 것입니다. 그런 의미에서 저자들은 '인간이 질문을 할 수 있어서 정말 다행이다'라는 생각을 하게 되었습니다.

스스로 질문을 만들고 답을 할 때 학생들은 수업에 적극적으로 참여하고 지식을 탐구하며 진정한 배움으로 나아갑니다. 저자들은 학생들의 변화, 교실의 변화를 경험하면서 질문하는 수업이 정말 좋은 수업이 될 수 있다는 확신을 하게 되었습니다. 그리고 이제 그 결과물을 기쁜 마음으로 선생님들과 나누려고 합니다. 선생님께서 일상적으로 질문을 만들면서, 그리고 질문을 가르치면서, 또 학생들의 질문을 통해 배우면서, 질문의 즐거움과 질문하는 수업의 깊이를 실감하는 데 이 책이 도움이 되었으면 합니다. 또한 선생님과 활동을 함께한 학생들이 즐겁게 질문을 만들고 자신의 질문을 친구들과 공유하며 함께 답을 찾아가는 배움의 과정 속에서 질문이 즐거운 활동이자 배움을 확장하는 유용한 도구라는 사실을 체험하는 기회를 갖게 되기를 기대합니다. 그리하여 선생님께서 만나는 학생 모두가 활기차게 질문하고 즐겁게 공부하여 나날이 성장하는 사람이 되기를 소망합니다.

이 책은 사회평론아카데미의 '미래교육 디자인' 총서 중 2019년에 펴낸 『학생이 질문하는 수업 만들기: 놀이편』의 연속선상에 있습니다. 두 책 모두 학생의 질문 능력을 기르고 학생이 질문으로 즐겁게 수업에 참여하는 구체적인 방안을 담고 있습니다. 하지만 놀이편이 초등학교 수업에 초점을 맞춘 데 비하여, 이 책은 중·고등학교 수업에 초점을 맞추고 있다는 점에서 차이가 있습니다. 중·고등학생의 수준과 수업의 특성을 고려하여 활동 중심으로 내용을 구성한 것이지요. 그러나 중·고등학교 수업에서도 '놀이' 중심으로 쉽게 질문 수업을 하고 싶다면 『학생이 질문하는 수업 만들기: 놀이편』을 활용하실 수 있고, 반대로 초등학교 수업에서 좀 더 심화된 질문 수업을 하고 싶다면 이 책을 활용하시는 것도 좋습니다.

마지막으로 질문으로 성장하는 교사와 학생이 있는 미래 교실을 함께 꿈꾸며 저자들의 작업을 지원해 주신 사회평론아카데미의 윤철호 사장님과 고하영 대표님, 그리고 힘겨운 편집을 늘 기쁜 마음으로 해 주신 정세민 대리님께 깊이 감사드립니다.

질문 수업을 함께해 준 학생들에게 감사의 마음을 전하며
정혜승, 김소현, 김지연, 서수현, 윤구희, 한기덕

6

차례

이 책의 구성과 사용 방법

활동 소개

활동의 의의와 가치, 활동의 필요성과 활동을 하는 방법, 활동을 하고 난 후 달라질 학생들의 모습 등을 간략히 소개하고 있습니다.
활동에 대한 개략적인 설명과 활동을 쉽게 떠올릴 수 있는 사진을 제시하고 있어 어떤 활동인지 미리 살펴볼 수 있습니다.

이렇게 해요

활동의 지도 절차가 제시되어 있습니다. 왼쪽에 활동의 진행 단계가 차례대로 제시되어 있고, 각 단계의 구체적인 설명은 오른쪽에 나와 있습니다. 여기에 제시된 지도 절차는 고정된 것이 아니며, 교사의 수업 방식, 학생들의 특성, 수업 자료의 성격에 따라 지도 절차 및 적용 방법은 얼마든지 달라질 수 있습니다.
활동의 전체적인 흐름을 살펴볼 때는 왼쪽의 작은 제목들을 보면 되고, 활동에 대해 세부적으로 알고 싶을 때는 오른쪽의 설명과 사진을 참고하면 됩니다.

이렇게 했어요

학생들이 활동을 하면서 만든 질문과 활동 결과물이 제시되어 있습니다. 그리고 각 활동을 어떻게 활용하였는지 구체적인 방법을 알 수 있습니다.
어떤 교과, 어떤 학습 목표를 몇 학년 학생들에게 적용하여 활동하였는지 알 수 있기 때문에 학생 수준과 학습의 성격을 고려하여 활동을 활용하실 때 참고할 수 있습니다.

이럴 때는 이렇게

[이럴 때는 이렇게]

▪ 질문의 중요도를 결정하기 어려워할 때 질문의 중요도를 결정하는 기준을 사전에 자세히 설명해 주어야 합니다. 또한 각 기준에 해당하는 질문의 구체적인 예를 제시하여 학생들이 수월하게 활동에 임할 수 있도록 안내해야 합니다.

▪ 질문의 중요도를 결정하는 과정에서 모둠원들의 의견 차이가 있을 때 모둠원 간에 질문의 중요도를 두고 의견 차이를 보일 때에는 다수의 의견을 따르도록 합니다. 또는 활동을 시작하기 전에 의견 차이가 생겼을 때 이를 조율할 방안을 모둠원끼리 논의하며 결정하도록 할 수도 있습니다.

교사가 활동을 진행하면서, 학생들이 활동을 수행하면서 발생하는 크고 작은 **문제점에 대한 대처 방법**이 제시되어 있습니다. 또한 활동을 좀 더 효과적으로 할 수 있는 방안이나 유의할 점도 함께 제시되어 있습니다. 활동을 하면서 생각대로 진행이 잘 되지 않을 때는 이 부분을 찾아보며 도움을 받을 수 있습니다.

이렇게도 할 수 있어요

[이렇게도 할 수 있어요]

▪ 패널들이 강연자에게 던지는 질문을 분석하는 활동 대신, 학생들이 강연 내용에 대해 질문한 뒤 이를 패널들의 질문과 비교하는 활동을 할 수도 있습니다. 학생들은 다른 사람의 질문과 자신의 질문을 비교하면서 질문의 유형이 다양하다는 점을 깨달을 수 있습니다.

▪ 질문 분석이 익숙하지 않은 학생들은 질문을 들으며 동시에 분석하는 것을 매우 어려워합니다. 이 경우, 처음에는 분석 없이 편안하게 듣게 한 뒤, 두 번째로 들을 때에는 강연을 분석하면서 듣게 하면 학생들이 활동을 훨씬 수월하게 할 수 있습니다. 만약 학생들이 여러 패널의 질문을 동시에 분석하기 어려워한다면, 자신이 분석하고 싶은 패널을 한 명 정해서 그 패널의 질문만 분석한 뒤 각자의 분석을 서로 비교하는 활동으로 진행할 수도 있습니다.

학생들의 수준 및 특성, 학습 자료의 성격에 따라 **활동을 변형하여 진행할 수 있는 방법**을 소개하고 있습니다. 제시된 활동 외에 좀 더 다른 활동을 하고 싶을 때 참고할 수 있습니다.

이런 게 좋아요

[이런 게 좋아요]

"이 활동을 하기 전에는 제가 어떤 질문을 주로 하는지 스스로 성찰해볼 기회가 없었던 것 같아요. 이 활동을 해보니, 제가 너무 단순한 질문들만 한다는 사실을 깨닫게 되어서 좋았습니다. 질문이 탐구가 되고 더 깊은 배움으로 나아가기 위해서는 열린 질문도 많이 해야 한다는 사실을 알게 되었습니다."

직접 수업에 참여한 **학생들이 활동을 하고 나서 느낀 점, 새로 알게 된 점** 등에 대해 이야기를 나눈 부분으로 활동의 의의와 가치를 알 수 있습니다. 활동 후 학생들의 변화된 모습을 살펴볼 때 활용하면 좋습니다.

활동지

[최고의 질문자를 찾아라!]

학년   반   번   이름:

1 강연의 내용을 간략하게 요약해 봅시다.

2 질문자별로 질문을 분석해 봅시다.

질문자	질문 내용과 의도	질문 형식과 방법

활동에 사용했던 활동지를 함께 수록하였습니다. 활동지를 통해 활동을 더 잘 이해할 수 있고, 수업시간에 직접 활동을 해 볼 때에도 활용할 수 있습니다.

※ 이 책에 수록된 활동지는 bit.ly/질문_활동지에서 내려받을 수 있습니다.

◤ **Part 1**

질문과 만나기

01

질문이 필요한 까닭은
무엇일까

우리가 기대하는 학생의 모습은 어떠한가요? 교실 밖의 지식을 선생님이 전해 주는 대로 전달받는 존재이기를 원하시나요, 아니면 다양한 사회 구성원들과 도움을 주고받으며 지식을 만들어 가는 존재이기를 원하시나요? 우리는 교육을 통해 학생이 스스로 학습하면서 지식을 구성할 수 있는 주체적인 힘을 가진 존재로 성장하기를 바랍니다.

학생은 '질문하는 존재'가 될 때 학습의 주체로 성장할 수 있습니다

학생은 누군가 자신을 채워 주기만을 기다리는 수동적인 존재가 되어서는 안 됩니다. 학생은 스스로 배우고 그 과정에서 배움의 의미를 찾는 학습의 주체가 되어야 합니다. 그러기 위해서는 학생이 '질문하는 존재'가 되어야 합니다. 학생이 무언가에 대해 질문하고, 그 질문에 답을 찾기 위해 자료를 읽고 대상을 분석하고 해석하며, 그 결과를 함께 나누는 탐구를 할 때, '질문하는 존재'로서 학생의 경험이 시작됩니다. 이러한 경험이 누적되면서 학생은 교실 밖에서도 스스로 학습을 할 수 있는 힘을 얻게 됩니다.

질문은 지식 구성을 촉발하는 매개체 역할을 합니다

학생의 지식은 선생님과 주고받는 질문과 응답, 학생들끼리 주고받는 질문과 응답, 스스로에게 던지는 질문과 응답 등 다양한 언어적 상호작용을 통해 만들어집니다. 물론 선생님이 지식의 체계를 생각하며 던지는 질문에 학생이 깊이 고민하며 답을 하는 과정도 매우 중요합니다. 그러나 선생님의 질문에 답할 때보다 학생이 스스로 생각하여 질문을 만들어 내는 경험을 할 때 학생의 지식과 사고는 더욱 활성화됩니다. 학생이 만드는 질문은 학생의 지식과 이해를 반영하기 마련이며, 학생의 인지적·정의적·행동적 성향을 보여 주기 때문에 선생님이 수업을 구성하는 데에도 유용한 정보를 제공해 줍니다. 또한 학생은 질문을 만들면서 자신이 기존에 알고 있던 지식과는 다른 지식을 만나게 됩니다. 이러한 인지적 충돌을 경험하고 해소하는 과정은 학생의 고차원적인 사고 능력을 향상시켜 줍니다.

질문은 학생을 성공적인 학업 성취로 이끕니다

학생이 제기하는 질문은 학습 과정의 원동력으로 작용합니다. 스스로 질문을 만들고 답하면서 학습에 능동적으로 참여하게 되기 때문입니다. 그리고 이러한 경험은 학생이 학습에 대해 갖고 있던 편견을 깨뜨리는 출발점으로 작용합니다. 선생님이 알려 주는 지식을 익히는 것을 넘어 적극적으로 학습에 참여하면서 스스로 공부하는 재미를 느끼게 되는 것이지요. 그러면 학습은 더 이상 어렵고 따분한 일이 아니라 넓고 깊은 지식을 만나는 의미 있는 시간으로 다가오게 됩니다. 이러한 학습에 대한 흥미와 열의야말로 학업을 성공적으로 성취할 수 있도록 하는 토대입니다. 그러므로 질문은 곧 성공적인 학업 성취로 가는 열쇠라고 할 수 있습니다.

질문하는 능력은 삶의 문제를 해결하는 데에 필수적인 역량입니다

질문을 강조하는 이유는 그것이 교실 안에서만 유용한 것이 아니기 때문입니다. 21세기를 살아가는 학생들은 특정한 상황에서 복잡한 요구가 주어질 때 자신의 다양한 자원을 활용하여 이를 성공적으로 수행하는 능력을 갖추어야 합니다. 질문하는 능력은 삶의 문제를 비판적으로 바라보는 과정에서, 그리고 창의적으로 문제를 해결하는 과정에서 필수적으로 요구되는 능력입니다. 학생들이 자신의 힘으로 삶의 문제를 바라보고 해결하는 능동적인 존재로 성장하는 것이 중요하기에, 질문하는 능력은 교실 밖에서도 필수적인 역량인 것입니다.

02

왜 질문을 가르쳐야 할까

우리는 학생들에게 가르치고 싶은 것이 많습니다. 학생들이 배워야 할 것도 많지요. 때로는 시간에 쫓겨 가르칠 내용을 소화하기에 급급할 때도 있습니다. 이렇게 가르치고 배워야 할 것이 많은 때에 굳이 '질문'까지 가르쳐야 할지 의문을 가질 수 있습니다. 그러나 질문은 학생이 능동적으로 탐구하고 반성하는 사람으로 자라나는 데 꼭 필요한 능력이라는 점에서 필수적으로 가르쳐야 할 교육 내용입니다. 그런데 수업 시간을 떠올려 보면 학생들은 교실에서 좀처럼 질문을 하지 않습니다. 선생님과 학생들이 서로 주고받는 질문으로 가득 찬 교실을 만들기 위해서는 학생들에게 질문을 하는 방법을 알려 주는 것이 필요하지 않을까요?

> 질문이 왜 필요한지 알 때
> 학생들은 적극적으로 질문을 만들 수 있습니다

학생들은 질문이 어렵다고 생각하거나 자신의 질문이 정말 필요하고 중요한지 의심스러워서 질문을 하지 않을 수 있습니다. 자신이 쓸데없는 질문을 하지 않을까 걱정하고 두려워하기도 하죠. 따라서 질문에 대한 학생들의 고정관념을 깰 수 있도록, 그리고 자신이 던진 질문이 학습에 도움이 된다는 것을 깨닫도록 도와주어야 합니다. 질문은 자신이 모르는 것을 묻거나 단순히 답을 구하기 위해서만 하는 것이 아닙니다. 학생이 만든 질문은 좀 더 재미있게 공부하고 좀 더 깊이 있게 앎에 접근하는 경험을 제공해 줄 수 있습니다. 이러한 질문의 의의와 가치를 알 때, 학생들은 더욱 적극적으로 질문을 만들고 이를 학습에 활용할 수 있습니다.

질문을 만드는 방법을 배운 학생들은
스스로 문제를 발견하고 탐구하여 문제 해결에 도달할 수 있게 됩니다

어떤 대상이나 현상에 대해 호기심이 생길 때 학생들은 자연스럽게 질문을 만듭니다. 학생들은 자신의 궁금함을 해소하기 위해 대상을 관찰하기도 하고, 문제를 파악하기도 하고, 해결 방안을 모색하기도 하면서 많은 질문을 떠올리는 것이지요. 이 과정에서 학생들은 자신이 이전에 학습한 지식이나 기능을 동원합니다. 그러나 학생이 기존에 가지고 있던 지식과 기능만으로 앎에 깊이 있게 접근하는 질문을 만드는 것은 쉽지 않습니다. 그렇기 때문에 학습에 유용한 질문을 만드는 방법, 지식을 탐구하는 과정을 점검하는 질문을 만드는 방법, 문제를 발견하고 해결하기 위한 질문을 만드는 방법을 차근차근 지도할 필요가 있습니다. 학생이 스스로 만든 질문은 학생이 지식을 탐구하는 과정에서 문제를 인식하고 논리적으로 문제를 해결해 나갈 수 있는 능력을 기르는 데에 기여합니다.

학생들은 질문을 만들면서
자기 주도적인 학습을 경험하게 됩니다

지식을 탐구하는 과정은 자신이 맞닥뜨린 문제를 해결하기 위해 지적인 노력을 기울이는 과정을 의미합니다. 학생이 자신의 배경지식과 자원을 활용하여 관찰하고 조사하고 실험하며 타인과 의견을 교환하고 자신의 생각을 검토해 보는 합리적인 절차를 통해 타당한 결과를 도출하는 과정이 곧 탐구의 과정입니다. 이러한 탐구의 과정에서 질문은 정보를 분석하고 비판하는 데 기여하여 자기 주도적인 사고를 할 수 있도록 도와줍니다. 학생들은 스스로 질문을 만들고 이를 해결하기 위해 증거를 찾아 결론을 내려 보면서 자신의 학습 과정을 점검하고 조절하고 성찰하는 과정 또한 경험할 수 있습니다.

03

학생이 질문을 잘하게 하려면
무엇을 가르쳐야 할까

학생을 질문으로 이끌어 주기 위해 선생님이 학생들에게 가르쳐야 할 내용을 한눈에 살펴볼까요?

2부 '질문과 친해지기'는 '질문 알기'와 '질문에 다가가기'로 구성되어 있습니다.

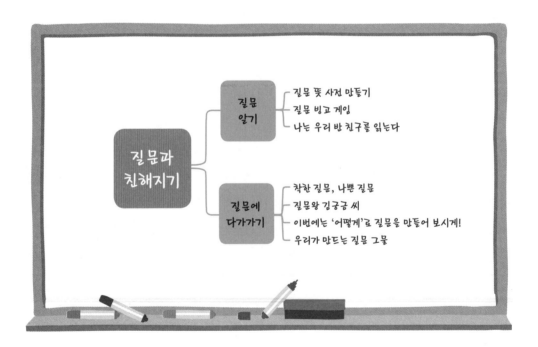

학생들은 '질문 알기'를 통해 질문에 대해 갖고 있었던 다양한 생각을 떠올리며 질문의 의미를 이해하게 됩니다. 그리고 '질문에 다가가기'를 통해 질문이 어려운 것이 아니라 자신을 둘러싼 여러 일들을 더 깊이 알아 가는 데에 유용한 방법이라는 것을 알게

됩니다. 여기에 소개된 활동들은 질문의 의의와 가치를 모르는 학생에게는 질문의 중요성을 환기해 주고, 질문하는 것을 어렵다고 느끼는 학생에게는 질문과 거리를 좁힐 수 있도록 도와줍니다.

3부 '질문을 배우기'는 '다양한 질문 만들기'와 '질문 들여다보기'로 구성되어 있습니다.

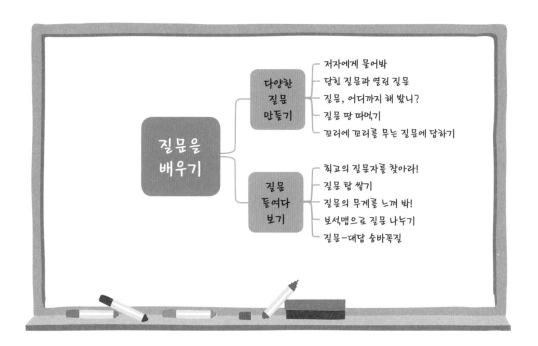

학생들은 '다양한 질문 만들기'를 통해 질문을 만드는 여러 가지 방법을 익히면서 직접 질문을 만들어 보고, '질문 들여다보기'를 통해 모든 질문의 가치가 같지 않음을 이해하며 질문의 중요도를 판단할 수 있게 됩니다. 학생들은 다양한 방법으로 질문을 만들면서 어떤 질문이 중요한 질문인지 친구들과 함께 고민해 보기도 합니다. 이러한 활동을 통해 질문에 대한 학생들의 생각은 넓어지고 깊어질 수 있습니다.

4부 '질문으로 공부하기'는 질문을 활용하여 교과 학습을 깊이 있게 경험할 수 있는 활동으로 구성되어 있습니다.

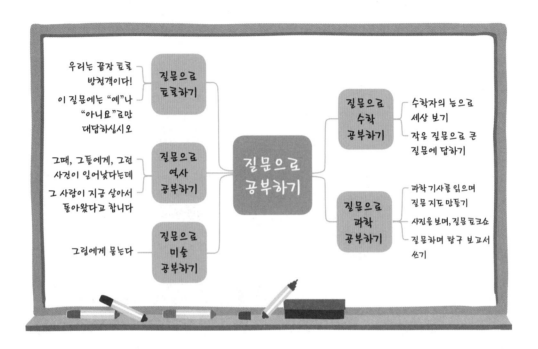

학생들은 토론을 좀 더 잘하기 위해 질문을 만들기도 하고, 역사적인 사건을 이해하거나 인물을 탐구하기 위해 질문을 활용하기도 하며, 그림을 보고 질문을 떠올림으로써 미술 작품을 섬세하게 감상해 보는 경험을 하기도 합니다. 또한 어렵게만 느껴졌던 수학이나 과학 교과도 질문으로 공부한다면 그리 어렵지 않고 재미있게 공부할 수 있다는 것을 알게 됩니다. 이렇듯 질문으로 공부하는 활동을 통해 학생들은 질문이 여러 교과목을 학습하는 데 유용하다는 점, 그래서 질문이 학업 수준을 높이는 데 도움이 된다는 점, 나아가 공부를 재밌게 할 수 있다는 점을 깨닫게 됩니다.

5부 '질문하며 살기'는 '질문으로 나와 친구를 이해하기', '질문으로 공동체 참여하기'로 구성되어 있습니다.

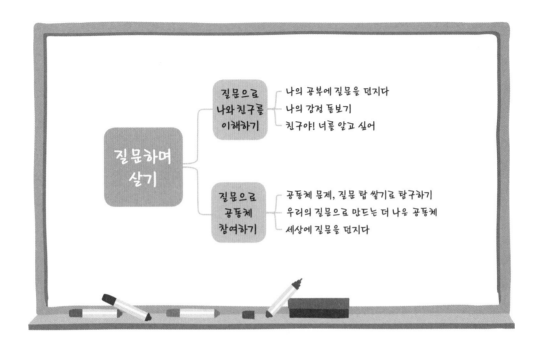

'질문으로 나와 친구를 이해하기'에서 학생들은 자신과 타인에 대한 질문을 통해 스스로를 되돌아보고 다른 친구들의 생각이나 감정을 이해할 수 있게 됩니다. '질문으로 공동체 참여하기'에서는 자신이 속한 공동체의 문제를 발견하고 이를 해결하는 경험을 하게 됩니다. 학생들은 이러한 질문 활동을 해 나가면서, 자신을 깊이 있게 돌아보고 주변 사람들을 이해하며 사람들의 생각이 서로 다름을 알 수 있습니다. 이는 학생들이 질문을 통해 더 넓은 세상을 만날 수 있도록 안내하는 과정이 될 것입니다.

04

질문하는 문화,
어떻게 만들까

초등학교 교실을 떠올려 봅시다. 학생들은 알고 싶은 것이 참 많아서 꼬리에 꼬리를 무는 질문을 하곤 합니다. 그러나 고학년으로 갈수록 학생들은 입을 잘 열지 않습니다. 궁금한 것이 있어도, 탐구하고 싶은 것이 있어도, 자기 혼자 생각하고 말죠. 그리고 중학교와 고등학교에 진학하면서 학생들은 어느새 질문을 하는 일이 자신이 모른다는 것을 드러내는 부끄러운 일이라고 여기게 됩니다. 그러나 스스로 질문을 만들고 그 질문에 답을 찾는 과정은 중학생에게도 고등학생에게도 필요합니다. 질문은 공부에 몰입하여 좀 더 꼼꼼하게 배우게 함으로써 생각의 지평을 넓힐 수 있도록 도와주기 때문입니다. 학생이 스스로 질문을 만들고 그 질문을 교실 안에서 공유하도록 하기 위해 우리는 어떻게 해야 할까요?

질문하는 문화는
학생의 질문을 수용하는 데에서 시작됩니다

질문하는 문화를 만들기 위해서는 학생이 자유롭게 질문할 수 있는 허용적인 분위기를 조성해야 합니다. 스스로 궁금한 점을 찾는 것도, 이를 언어로 표현하는 것도, 그리고 교실 공동체 구성원들과 공유하는 것도 학생에게는 쉬운 일이 아닙니다. 질문을 하는 학생은 자신의 질문이 교실 공동체로부터 인정받지 못할까 봐 두려워할 수도 있고, 자신감이 부족하여 질문하기를 주저할 수도 있습니다. 그렇기 때문에 선생님이 질문을 독촉하는 대신, 학생이 충분히 생각한 다음 자신의 질문을 만들 수 있도록 기다리는 것이 필요합니다. 학생이 낮은 수준의 단순한 질문을 했다 하더라도 일단 질문을 했다는 그 자체를 수용해 주고, 학생의 질문에 대해 긍정적이고 적극적으로 반응해 주십시오. 학생의 질문을 허용하는 분위기를 조성하는 것은 더 높은 수준의 질문, 양질의 질문으로 나아가기 위한 첫걸음이 됩니다.

> 질문하는 문화를 만들기 위한
> 교실 규칙을 만들어 보는 것은 어떨까요?

선생님이 질문을 하거나 의견을 물어보면 학생들이 손을 들고, 그 학생들 중에서 몇몇을 지명하여 말할 기회를 주는 것은 교실에서 흔히 볼 수 있는 장면입니다. 그러나 학생의 입장에서 생각해 보면 여러 사람 앞에서 손을 들어야 하는 이러한 방식은 질문을 하는 데 부담이 될 수 있습니다. 서로 묻고 답하는 것을 특별한 일로 여기지 않게 '우리 반 질문 공책'을 만들어 보는 것은 어떨까요? 언제든 질문할 내용을 적고 서로 답할 수 있는 작은 통로를 만들어 주는 것입니다.

질문하는 교실 문화를 형성하기 위해서는 질문과 답을 주고받을 때 필요한 규칙을 학생들과 함께 정하는 것도 필요합니다. 학생이 상대방의 질문에 충분히 귀를 기울일 수 있도록, 그리고 자신과 다른 생각에 대해 충분히 탐구할 수 있도록 격려해 주십시오. 질문하는 문화는 단지 질문하는 것만으로 이루어지지 않습니다. 다른 사람의 질문도 잘 듣고, 내 질문에 답을 해 주는 사람의 말도 잘 들을 때 질문하는 문화가 만들어질 수 있습니다. 서로의 말에 귀 기울이기 위해 필요한 규칙을 만드는 과정은 서로의 생각을 존중하는 분위기 속에서 질문을 주고받을 수 있게 해 줍니다.

> 질문하는 문화는
> 선생님의 열린 태도에서 굳건하게 자리 잡을 수 있습니다

학생이 만든 질문으로 수업을 끌어가기란 쉽지 않습니다. 그렇기 때문에 학생이 질문할 수 있도록 도와주고 학생의 질문을 허용하는 교실 공간을 구성하는 것이 무엇보다 중요합니다. 이를 위해서는 수업이 선생님의 '가르침'에서 시작되어 학생의 '배움'에 도달하는 일방적인 과정이 아님을 인식할 필요가 있습니다. 수업이란 선생님과 학생이 함께 만드는 것이며, 의미 있는 학습을 하는 데 학생이 던지는 질문이 중요한 역할을 한다

는 사실을 선생님과 학생 모두가 알아야 합니다. 이렇듯 선생님이 수업에 대해 열린 태도를 지닐 때, 학생은 선생님을 자신의 앎을 함께 구성해 가는 존재로 인식하게 될 것입니다. 교실 수업 속의 진정한 대화는 이 시점에서 시작되며, 이러한 대화를 바탕으로 질문하는 문화를 만들어 나갈 수 있습니다. 질문이 중심에 있는 교실은 학생들의 탐구와 열정으로 가득 찬 교실 생태계를 만들어 줄 것입니다.

◢ **Part 2**

질문과 친해지기

01

질문 알기

- 질문 뜻 사전 만들기
- 질문 빙고 게임
- 나는 우리 반 친구를 읽는다

질문 뜻 사전 만들기

학생들은 일상생활에서 질문을 자주 접하지만 질문이 무엇인지에 대해 깊이 생각해 볼 기회는 많지 않습니다. '질문 뜻 사전 만들기'는 자신의 삶에서 질문이 갖는 의미를 생각해 보고 자기 나름대로 질문을 설명한 다음, 그 설명을 사전에 추가하기 위해 질문의 개념과 의미, 중요성 등을 꼼꼼하게 점검해 보는 활동입니다. 학생들은 이 과정을 통해 자신이 질문을 어떻게 이해하고 있는지를 돌아볼 수 있습니다. 또한 사전에 넣을 내용을 정하기 위해 친구들이 만든 질문의 의미를 함께 비교·정리하면서 질문의 다양한 기능과 역할에 대해 생각해 보게 됩니다.

1 질문에 대해
자유롭게
이야기하기

- 질문에 대한 자신의 생각을 자유롭게 이야기한다.

  예 질문이 무엇이라 생각해 왔는지 이야기하기

  질문을 할 때 어떤 기분이 드는지 이야기하기

2 질문의 의미에
대해 알아보기

- 여러 사전에서 '질문'을 검색해 보고 그 의미를 확인한다.

  예 표준국어대사전 또는 우리말샘에서 '질문'의 뜻 검색하기

- 질문에 대해 책에서 설명한 내용이나 위인이 말한 명언 등을 떠올려
  보고 기록한다.

- 기존의 격언이나 속담의 일부를 바꿔 질문에 대한 것으로 만들어
  본다.

  예 발 없는 질문이 천 리를 간다.

  천 개 질문도 질문 한 개부터.

  질문 한 개로 천 냥 빚을 갚는다.

3 질문을
내 말로
설명하기

- 앞에서 이야기한 내용을 바탕으로, 선생님께서 나누어 주신 낱말
  카드에 각자 생각한 질문에 관한 설명을 써 넣는다.

  예 질문이란 궁금한 것을 해소하기 위하여 나 자신이나 주변에게 던지는 것

  질문이란 부족한 점을 채우고 무언가에 대해 알고자 하는 수단이나 방법

  질문이란 할 때도 받을 때도 깊이 생각하고 고민해야 하는 것

  질문이란 궁금한 것이 생기면 그때그때 해야 하는 것

4 질문에 대한 설명 공유하기	• 각자 쓴 낱말 카드를 모은 뒤, 이를 돌려 읽으며 자신이 질문을 그렇게 설명한 이유를 모둠원들과 이야기한다. • 본인이 쓴 카드를 돌려 받은 뒤, 모둠원들의 의견을 검토하면서 표현을 다듬는다.
5 사전 설명의 필요조건 생각하기	• 모둠원들과 함께 사전의 설명이 갖춰야 할 필요조건에 대해 논의하고 그 내용을 정리한다. 예 질문에 대한 설명이 정확한가? 　질문에 대한 설명이 상세한가? 　질문에 대한 설명이 명료한가? 　질문에 대한 설명이 알기 쉽게 정리되어 있는가?
6 설명 심사하기	• 설명의 필요조건 중 가장 중요하다고 생각하는 조건을 4~5개 골라 심사 기준으로 정한다. • 낱말 카드에 쓴 설명을 모둠원들과 함께 심사 기준에 따라 검토하여 사전에 실릴 설명을 선별한다. • 선별한 설명에 대해 각자 심사를 진행하고 심사지에 기록한다. 이때 설명을 수정할 부분에 대한 피드백도 적어 준다.
7 사전 내용 확정하고 사전 만들기	• 사전에 넣을 질문에 대한 설명을 다른 사람들이 쉽게 이해할 수 있을지 모둠원들과 논의하고 함께 표현을 정리한다. • 설명에 대한 용례를 생각해 보고 적절한 용례를 사전에 추가한다. 용례 이외의 다른 항목이 필요한 경우, 이를 작성할 수도 있다. • 완성된 설명들을 어떤 순서로 사전에 실을지 결정하고 사전을 완성한다.

■ '질문이 무엇인지 생각해 보자.'라는 학습 목표를 가지고 고등학교 1학년 국어 수업에 이 활동을 적용해 보았습니다. 학생들은 4~5명씩 모둠을 구성하여 질문에 대한 자신의 평소 생각을 각자 자유롭게 이야기하였습니다. 이후 사전에서는 질문을 어떻게 정의하고 있는지, 질문과 관련된 유명한 말에는 어떠한 것들이 있는지 검색하는 활동을 하였습니다.

■ 충분히 의견을 나눈 다음에는 질문에 대한 자신의 설명을 각자 낱말 카드에 쓰고 이를 공유하였습니다. 이 과정에서 서로가 쓴 내용의 공통점과 차이점을 발견할 수 있었습니다.

■ 본격적으로 사전을 만들기 위해 먼저 설명을 선별하는 심사 기준을 만들어 좋은 설명을 가려내고 평가하도록 하였습니다. 그리고 심사 결과를 함께 살펴보면서, 모둠원들이 적은 피드백을 반영하여 사전에 넣을 질문에 대한 설명을 수정해 보도록 안내하였습니다. 이후 완성된 설명들을 모아 사전을 만들게 하였습니다. 다음은 학생들이 만든 질문에 대한 자신의 설명의 예입니다.

> "질문이란 궁금한 것을 해소하기 위해 나 자신이나 주변에게 던지는 것"
> "질문이란 부족한 점을 채우고 무언가에 대해 알고자 하는 수단이나 방법"
> "질문이란 당연하게 생각했던 것에 '왜'와 '물음표'를 붙이는 작업"

■ **질문에 대한 이야기가 원활하지 않을 때** 이 활동의 첫 단계는 학생들이 질문에 대해 자유롭게 이야기해 보는 것입니다. 질문을 정확하게 설명하고 정의하는 것이 목적이 아니기 때문에 예전에 질문을 했던 경험이나 최근에 받았던 질문 등을 떠올려 보게 하면서 질문에 대해 차근차근 이야기하도록 도와줍니다. 이 과정에서 학생들은 자신이 질문에 대해 가지고 있었던 생각을 정리할 수 있을 것입니다.

■ 사전에 실릴 설명을 선별하는 데 의견이 나뉠 때 질문에 대한 학생들의 의견은 경험이나 배경지식에 따라 서로 다르게 나타날 수 있습니다. 학생들의 의견이 갈릴 경우에는 단순히 점수를 합산하여 가장 높은 점수를 받은 설명을 고르는 것이 아니라, 각자 왜 그 점수를 주었는지 토론하면서 학생들 스스로 합의를 통해 결정하도록 합니다. 이때 다른 학생들의 의견을 반영하여 처음에 쓴 내용을 더 좋은 설명으로 수정할 수도 있다는 것을 안내합니다. 질문을 주고받으면서 느꼈던 경험을 공유해 봐도 좋을 것입니다.

이렇게도 할 수 있어요

■ 학생들의 흥미를 불러일으키기 위해 선별한 질문에 대한 설명을 가지고 미니북을 만들어 보는 활동을 할 수 있습니다. 개인별로 다양한 의견이 나왔다면 각자 책을 만들게 할 수도 있습니다. 내용에 맞게 삽화를 그려 넣거나 사진을 붙이는 등 외양을 다채롭게 꾸민 다음, 완성된 책들을 교실 뒤편에 전시하거나 다른 모둠과 돌려 보는 것도 좋습니다. 다음은 학생들이 만든 사전 미니북입니다.

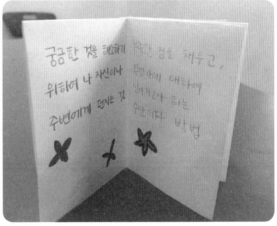

■ 사전에 넣을 설명에 각자 별점을 주고 어떤 설명이 가장 좋았는지 순위를 매겨 볼 수도 있습니다. 또는 가장 기발한 설명, 가장 창의적인 설명, 가장 알기 쉬운 설명 등과 같이 분야별로 '가장 ~한' 설명을 뽑아 볼 수도 있습니다. 이처럼 사

전 설명의 필요조건이 아닌 개인적인 선호도에 따라 질문을 선정할 때는 설명의 좋고 나쁨을 평가한 것이 아니라는 점, 학생들이 쓴 설명 모두가 의미 있다는 점을 강조해 주는 것이 좋습니다.

이런 게 좋아요

"나와 친구들이 쓴 질문에 대한 설명을 평가하는 작업이 재밌었어요. 사전을 만들어야 한다고 생각하니, 설명을 더 쉽고 정확하게 써야겠다는 생각이 들더라고요."

"질문에 대해 친구들이 이렇게 생각하고 있구나 하는 생각을 하게 되어서 좋았습니다. 평소에 질문에 대해 깊이 생각해 본 적이 없었고 수업 시간에 잘 하지도 않았거든요. 질문이 이러한 장점을 갖고 있다는 걸 알게 되어서 좋았어요."

"우리 모둠은 사전에 실을 순서를 정할 때 꽤 많은 이야기를 했어요. 어떤 정의가 가장 좋을까, 어떤 정의가 가장 재밌을까 같은 이야기를 많이 했던 것 같아요. 사전에 실릴 순서를 정할 때에는 어떤 이야기를 할지도 궁금해졌어요."

"애매하게 알고 있던 질문의 정의에 대해 생각해 볼 수 있어서 좋았어요. 나만의 정의를 해볼 수 있던 것은 더 의미 있었고요. 평소에 질문을 많이 듣기는 하지만, 그것이 가진 의미에 대해서는 잘 생각하지 않았거든요. 친구들과 수업 중에 미니북으로 질문 뜻 사전을 만들었는데 정말 귀엽더라고요."

질문 뜻 사전 만들기

학년   반   번 이름:

1 **내가 생각하는 '질문'의 뜻을 적어 봅시다.**

2 **사전에 들어갈 설명의 필요조건을 써 봅시다.**

-
-
-
-
-
-

3 **모둠원들과 논의하여 가장 중요하다고 생각하는 조건을 심사 기준으로 정해 봅시다.**

-
-
-
-

4 심사 기준에 따라 사전에 실릴 설명을 선별하고, 각각의 설명을 평가해 봅시다.

설명	평점
	☆ ☆ ☆ ☆ ☆
	☆ ☆ ☆ ☆ ☆
	☆ ☆ ☆ ☆ ☆
	☆ ☆ ☆ ☆ ☆
	☆ ☆ ☆ ☆ ☆
합계	

5 평가한 내용에 따라 사전에 넣을 설명을 수정하여 적어 봅시다.

6 설명에 맞는 용례를 작성해 봅시다.

질문 빙고 게임

우리는 일상생활에서 주변 사람들과 수없이 많은 질문을 주고받습니다. 하지만 질문의 필요성과 의의에 대해 모두가 동일하게 인식하고 있지는 않습니다. 또한 평소에 하는 질문의 양이나 질도 사람들마다 다릅니다. '질문 빙고 게임'은 서로가 가진 질문의 의미가 어떻게 같고 다른지 확인하는 활동입니다. 이 활동에서는 나와 친구들이 각자 질문에 대해 어떻게 느끼고 있는지 게임을 통해 알아봅니다. 학생들은 질문에 대한 다양한 의견을 공유하는 한편, 사람마다 동일한 대상에 대해 서로 다른 느낌과 경험을 가질 수 있다는 것을 학습하게 됩니다.

1 카드에 질문에 대한 생각 쓰기

- 4명 이상으로 모둠을 만든다.
- 선생님께서 주신 카드를 모둠원들끼리 각각 5장 이상 나누어 가진다.
- 질문에 대한 자기 나름대로의 생각을 카드에 적는다.
- 긍정적인 생각이든 부정적인 생각이든 모두 자유롭게 쓴다.
  예 "질문은 모르는 것을 묻는 것이다."
  "질문은 생각을 깊게 만들어 준다."
  "질문을 많이 하면 사람들이 귀찮아한다."

2 질문 빙고 게임 준비하기

- 모둠원이 작성한 카드를 한데 모으고 이 중 16장을 선택한 뒤 4×4로 칸이 나누어진 놀이판에 적절히 배치한다.
- 모둠 대표를 정하고 놀이판을 모둠 중앙에 배치한다.

3 질문 빙고 게임 하기

- 선생님께서 설명해 주시는 질문 빙고 게임 방법을 듣고 이해한다.

> **질문 빙고 게임 방법**
> ① 게임은 모둠이 순서대로 돌아가면서 진행한다. 이를 위해 각 모둠의 대표가 나와 가위바위보, 제비뽑기 등으로 순서를 정한다.
> ② 가장 첫 순서인 모둠의 대표가 자기 모둠의 놀이판에 배치한 카드 중에서 하나를 골라 이야기하고, 해당 카드를 놀이판에서 뺀다.
> ③ 다른 모둠에서는 동일한 내용의 카드가 있는지 확인한다. 동일한 카드가 있으면 모둠 대표가 손을 들고 카드를 놀이판에서 뺀다.
> ④ 다음 순서의 모둠도 동일하게 진행한다.
> ⑤ 놀이판에서 카드를 뺀 칸들을 이었을 때 가로, 세로, 대각선 중 어느 것이든 세 줄이 만들어진 모둠은 '빙고!'를 외친다.

- 방법에 따라 '빙고!'가 나올 때까지 모둠이 돌아가면서 게임을 진행한다.
- 먼저 '빙고!'를 외친 모둠이 승리한다.

4 질문에 대한 생각 정리하기

- 모둠별로 놀이판에서 뺀 카드와 남아 있는 카드를 분류해 본다.
- 각 카드에 대한 나의 의견을 정리하고 이를 학급 학생들과 공유한다.

■ '질문 빙고 게임'은 질문에 대한 자신의 생각을 간결하게 정리해 보고, 게임의 형식을 통해 이를 다른 친구들과 공유하기 위한 목적으로 기획된 활동입니다. 이 활동은 중학교 3학년 국어 시간에 실시하였지만, 초등학생이나 고등학생의 경우도 적용할 수 있습니다. 빙고 게임을 할 때는 질문에 대한 다양한 생각 중 사람들이 많이 떠올릴 만한 생각과 다른 모둠에서는 나오지 않을 것 같은 기발한 생각을 고려해 보고, 두 가지를 적절히 배치하는 것이 중요합니다.

■ 카드 내용의 동일성을 판단하기 어려워할 때 카드에 쓰는 내용이 단어가 아니라 문장 형태이기에 카드 내용의 동일성을 판단하는 데 혼선이 생기기도 합니다. 즉, 한 모둠의 대표가 카드를 골라 이야기했을 때 다른 모둠에서 카드가 동일한지 여부를 결정하는 부분에서 어려움을 겪는 것입니다. 이때는 해당 질문을 만든 학생이 판단하도록 하거나 카드를 이야기한 모둠에서 논의하여 결정하도록 합니다. 학생들이 이기려는 마음에서 다른 모둠을 인정하지 않으려 할 때는 선생님이 개입하여 조정해 줄 수 있지만, 가능하면 활동 목적을 상기시키고 학생들이 직접 문제를 해결하도록 도와줍니다.

■ 질문에 대한 생각을 만들기 힘들어할 때 학생들에게 사소하고 평범한 생각도 충분히 카드에 쓸 수 있다고 격려해 줍니다. 질문을 했던 경험을 상기해 보고 그때의 감정을 카드에 써 보도록 하는 것도 좋습니다. 질문에 대한 생각을 여러 개 만들기 힘들어할 때는 질문 놀이판을 축소하여 3×3으로 게임을 진행하는 것도 가능합니다. 대신 한 번은 축소한 게임판을 사용하여 연습 게임으로 진행하고, 다음 한

번은 원래 게임판을 사용하여 본 게임으로 진행함으로써 질문에 대한 이야기를 충분히 나누어 보도록 합니다.

이렇게도 할 수 있어요

■ 승리 팀을 뽑는 것 외에 추가로 특별상을 만들 수도 있습니다. 원래 게임 방법대로 진행하되, 카드를 이야기한 모둠이 다른 모둠에서 손을 든 수만큼 득점 스티커를 받는 것입니다. 게임이 끝나면 각 모둠은 자기 모둠이 받은 득점 스티커의 개수를 세고, 가장 많은 스티커를 받은 팀이 특별상을 받습니다. 이때 득점 스티커를 해당 카드에 붙여 두면 스티커가 붙은 카드와 그렇지 않은 카드를 분류하여 학생들끼리 질문에 대한 생각을 주고받는 시간을 가질 수 있습니다.

■ 이 활동을 소수의 학생으로 진행한다면 놀이판을 3×3으로 줄여 개별적으로 작성하게 할 수 있습니다. 반면 학생 수가 여럿이고 게임을 능숙하게 할 수 있다면, 놀이판을 5×5로 시도해 볼 수도 있습니다. 또는 놀이판에서 카드를 뺀 칸들을 이었을 때 'X' 모양이 되어야 승리하도록 게임의 규칙을 정교하게 조정할 수도 있습니다. 이 활동은 많은 의견을 나누고 이를 통해 질문의 의미에 대해 다양하게 생각해 보는 것이 더 중요하므로, 게임의 난도를 높이는 것에 중점을 두어서는 안 됩니다. 특히 게임에 너무 많은 시간을 써서 게임이 끝난 뒤 함께 이야기를 나누는 시간이 모자라지 않도록 시간을 적절히 배분해야 합니다.

이런 게 좋아요

"질문에 대해 친구들이 어떻게 생각하고 있는지 알아볼 수 있어서 좋았습니다. 이런 내용으로 게임을 할 수 있다는 것도 신기했고요. 친구들이 많이 썼을 것 같은 내용과 아닐 것 같은 내용을 생각하면서 이야기했던 것이 흥미진진했습니다."

질문 빙고 게임

질문에 대한 생각을 쓴 카드를 아래의 놀이판에 붙여 봅시다.

1.	2.	3.	4.
5.	6.	7.	8.
9.	10.	11.	12.
13.	14.	15.	16.

나는 우리 반 친구를 읽는다

처음 만나는 사람을 알고 이해하기 위해서는 질문이 필요합니다. 또한 질문은 다른 사람과 대화를 이어 나가기 위해서도 필요합니다. 우리는 책을 읽을 때에도 질문을 함으로써 더 많은 것을 배울 수 있습니다. 예를 들어, 책을 읽기 전에 목차를 보며 질문을 만들어 보면 책을 읽는 목적이 명확해지고 그만큼 책을 더 집중해서 읽을 수 있습니다.

'나는 우리 반 친구를 읽는다'는 '사람'을 만났을 때 그리고 '책'을 읽을 때, 질문이 어떤 역할을 할 수 있는지를 알아보기 위한 활동입니다. 이 활동에서는 한 사람이 한 권의 책이라고 가정하고 '나'라는 사람의 이야기가 담긴 사람책을 만들어 봅니다. 그리고 다른 사람책을 만난다면 어떤 질문을 할 수 있을지 알아봄으로써 질문의 가치와 중요성에 대해 생각해 봅니다. 직접 사람책과 질문을 주고받으면서 질문을 통해 또 다른 질문을 생성하는 방법도 익힐 수 있습니다.

1 **사람책 되기**
- 나 자신을 한 명의 사람이 아닌, 한 권의 책이라고 가정한다.

- '나'라는 책의 제목과 목차를 작성한다. 내 삶 전체를 담은 자서전 같은 책도 가능하지만 특별한 경험이나 특정한 시기에 대한 이야기를 담은 책도 가능하다.

> 예
> 제목: 팔봉산 토끼 소녀
> 목차: 1. 팔봉산 이야기
>   2. 토끼를 닮은 아이
>   3. 토끼풀 소동
>   4. 팔봉산, 안녕!

2 **내가 읽을 사람책 확인하기**
- 각자 작성한 사람책의 목차를 짝과 교환한다.

- 모둠으로 활동할 때에는 사람책을 읽을 순서를 정하여 교환한다.

3 **사람책에 대한 질문 만들기**
- 짝이나 다른 모둠원의 사람책 목차를 꼼꼼하게 읽는다.

- 제목과 목차를 보고 떠오르는 질문을 적는다.

> 예 제목을 보고 떠올린 질문
> "팔봉산은 어디에 있는 산이지?"
> "토끼 소녀라는 별명은 왜 지은 것일까?"
> "팔봉산에 진짜 토끼가 살까?"
>
> 목차를 보고 떠올린 질문
> "팔봉산에서 어떤 추억이 있었을까?"
> "'토끼를 닮았다'는 말은 어떤 특징에 대한 이야기일까?"
> "토끼풀과 관련된 소동은 무엇일까?"
> "'팔봉산, 안녕!'이란 말은 어떤 의미일까?"

4 **사람책 만나기**
- 미리 적은 질문을 정리한 뒤, 사람책을 만나서 준비한 질문을 한다. 사람책에게 미리 허락을 받고 면담 내용을 녹음하거나 촬영하면 내용을 정리할 때 도움이 될 수 있다.

- 사람책의 대답을 잘 듣고 더 궁금한 것이 생긴다면 이에 대해 추가로 질문한다.

5 사람책
100자평
작성하기

- 사람책과의 면담이 끝나면 질문과 답변을 간략하게 정리한다.
- 사람책에게 얻은 답변을 바탕으로 '사람책 독후감' 100자평을 작성한다.

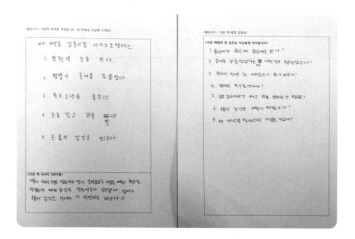

6 100자평
공유하기

- 각자 쓴 100자평을 짝이나 모둠원들과 나누어 읽는다.

7 사람책
면담 후기 나누기

- 나를 읽고 써 준 100자평을 읽고 어떤 느낌이 들었는지, 처음 '나'라는 책의 제목과 목차를 정할 때 예상했던 질문은 무엇이었는지, 받고 싶었던 질문과 그렇지 않았던 질문은 무엇이었는지, 다른 사람책과 면담했을 때 어땠는지 등을 짝이나 모둠과 서로 이야기한다.
- 질문을 통해 나 자신과 친구에 대해 얼마나 잘 알게 되었는지 돌아본다.
- 친구들의 100자평을 고려하여 내가 처음에 썼던 사람책을 다시 검토한다. 더 적절한 제목은 없을지, 목차에 추가할 내용은 없을지 등에 대해 이야기 나누고, 사람책의 제목과 목차를 수정해 본다.

■ '상대방을 알기 위해 다양한 측면에서 질문할 수 있다.'라는 학습 목표를 가지고 고등학교 1학년 국어 시간에 이 활동을 적용해 보았습니다. 학생들에게 자신의 자서전을 쓴다면 제목과 목차를 어떻게 정할 수 있을지 적어 보라고 한 다음, 활동을 진행하였습니다.

■ 먼저 학생들이 자신이 읽은 사람책의 제목과 목차를 보면서 질문을 준비하게 했습니다. 그리고 사람책과 직접 면담하면서 들은 답변을 바탕으로 질문을 이어서 할 수 있도록 안내하였습니다. 또한 사람책과 만나 면담하기 전에 목차외에 그 사람에 대해 궁금한 것을 가지고 예비 질문을 만들도록 하였습니다. 학생들은 예비 질문으로 취미나 특기, 좋아하는 음식이나 친한 친구에 대한 질문 등을 작성하였습니다.

■ 사람책과 면담할 때 학생들은 1:1로 만나 질문과 대답을 하는 상황을 낯설어했습니다. 하지만 모형 마이크 등을 통해 아기자기한 환경을 조성하고, 가급적 마주보고 눈을 바라보며 질문하도록 유도했더니 자연스러운 분위기에서 면담이 진행될 수 있었습니다. 국어과 교육과정에서 제시하고 있는 성취기준 가운데 '면담하기'에 대한 내용을 참조한 것이 도움이 되었습니다.

■ **사람을 알기 위해 필요한 질문이 무엇인지 잘 모를 때** 면담의 경험이 많지 않은 학생들의 경우, 사람을 만났을 때 어떤 질문을 해야 할지 감을 잡지 못할 수도 있습니다. 이때 면담의 기본적인 질문을 예로 들어줄 수 있습니다. 또는 학생들이 책을 읽고 질문을 만든 경험이 있다면 이를 상기시켜 줘도 좋을 것입니다. 인터뷰 기사나 처음 만나는 사람과 대화를 나누는 소설 장면 등을 참조하게 할 수도 있습니다.

■ **지엽적이고 사소한 질문들로 이어질 때** 짝 활동을 하다 보면 자칫 개인적이고 소소한 질문들이 이어질 수 있습니다. 특히 이 활동은 개인을 면담하는 형식이기 때문에 제목이나 목차를 토대로 활동을 진행하더라도 지나치게 사적인 이야기로 빠질 위험이 있습니다. 따라서 활동을 시작하기 전에 질문의 초점이 사람책의 목차에 있어야 한다는 점을 안내해 줘야 합니다. 친구가 싫어할 만한 내용이나 지켜주어야 할 내용은 질문하지 말고, 질문을 통해 그러한 내용을 알게 되더라도 이를 다른 친구들에게 말해서는 안 된다고 알려줍니다. 가능하다면 학생들에게 미리 질문을 준비하게 하고 선생님이 이를 점검해 주는 것도 좋습니다.

■ 학생들이 아직 서로에 대해 서먹한 학기 초에 교실에서는 자기소개를 하는 시간을 갖곤 합니다. 이 시간에 사람책 활동을 통해 서로를 알아 갈 기회를 제공한다면 활동이 더 효과적으로 이루어질 수 있을 것입니다.

■ 요즘 학생들은 영상 매체를 다루는 데 익숙하고 이를 즐거워합니다. 그러므로 활동의 결과를 가지고 영상을 제작해 보도록 할 수도 있습니다. 다른 인터뷰 영상 등을 보고 이를 참조하여 자신이 읽은 사람책에 대한 영상을 만들어 보게 합니다. 또는 면담 내용 가운데 인상적인 부분을 골라 '인생극장'과 같은 짧은 영상물을 제작하게 할 수도 있습니다.

■ 학년 중반을 넘은 시기에는 학생들이 이미 서로에 대해 어느 정도 알고 있을 가능성이 높으므로, 자신이 아닌 다른 친구의 사람책 목차를 만들어 주는 활동을 해 볼 수 있습니다. 활동이 끝나면 서로에 관한 사람책 목차와 면담 내용을 문집처럼 묶어서 '우리 반 친구 소개집'을 제작할 수도 있습니다.

"다른 사람과 질문을 주고받으면서 깊이 이야기해 본 적이 별로 없는 것 같아요. 가까이 지내던 친구였는데, 내가 아직 모르는 부분이 많다는 생각이 들어서 좀 놀랐습니다. 사람을 한 권의 책이라 생각하고 목차를 만들어 질문하는 것이 재미있었어요."

"내가 한 권의 책이라 생각하고 목차를 쓰는 것이 어려웠어요. 나를 설명하기 위해 어떤 내용을 써야 할지도 잘 모르겠더라고요. 친구들이 나를 궁금해 하고 질문을 많이 하게 하려면 어떤 제목을 써야 할까 고민이 많이 되었어요. 그러면서 앞으로 나를 특별하게 만들 내용을 더 많이 채워야겠다는 생각이 들었어요."

"예전에 수업 시간에 면담하기를 배웠었는데, 친구들을 대상으로 해보니 새로웠어요. 앞으로 많은 사람들을 만나서 이렇게 면담을 하고 글을 써보는 일을 해보면 어떨까 하는 생각이 들었어요. 마치 내가 기자가 된 것 같은 느낌이 들었어요. 그리고 이번에 친구들에게 질문을 주고받은 내용을 바탕으로 진짜 책을 써 봐도 재밌을 것 같아요."

사람책에게 질문하기

학년   반   번   이름:

1 '나'라는 사람책의 제목과 목차를 작성한 뒤, 짝에게 전달해 주세요.

2 사람책에게 할 질문을 자유롭게 적어 봅시다.

3 〈사람책 독자의 100자평〉 - 목차를 읽고 질문을 주고받은 뒤 느낀 점을 적어 보세요.

02

질문에 다가가기

- 착한 질문, 나쁜 질문
- 질문왕 김궁금 씨
- 이번에는 '어떻게'로 질문을 만들어 보시게!
- 우리가 만드는 질문 그물

착한 질문, 나쁜 질문

우리는 사람들과 대화를 하면서 종종 질문을 던집니다. 안부나 근황을 묻는 질문에서부터 최근에 겪은 일이나 심각한 고민에 이르기까지 질문의 범위는 넓습니다. 그런데 대화를 하다 보면 때로 민감한 사안이나 상대방이 꺼리는 부분에 대해 묻게 되는 경우도 있습니다. 반드시 물어야 하는 경우가 아니라면, 질문을 듣는 상대에게 폐를 끼치거나 상대를 이유없이 비난하는 질문은 하지 말아야 합니다. 그보다는 함께 문제를 해결하기 위해 필요한 질문, 서로를 더 잘 이해하고 관계를 좋게 만드는 질문을 할 수 있도록 해야 합니다. 이처럼 질문하기에도 예절과 배려가 필요합니다. '착한 질문, 나쁜 질문'에서는 궁금한 점을 해결하면서도 다른 사람을 배려하는 질문 방법을 학습합니다.

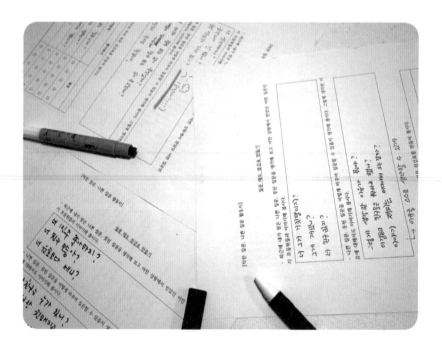

1 질문 받았던 기억 떠올리기

- 질문을 받고 난감했던 상황이나 불쾌했던 기억을 떠올리고 이에 대한 이야기를 나누어 본다.

- 공격적이라고 느끼거나 대답하기에 난감한 질문을 생각해 본다.
  예 "이번 중간고사 100점 맞았니?"
  "너는 왜 살을 안 빼니?"

2 나쁜 질문의 조건 생각하기

- 자신의 경험을 바탕으로 나쁜 질문을 뽑아 보고, 그 질문이 나쁜 질문이라고 느껴지는 이유를 생각해 본다.
  예 마음의 상처를 줄 수 있는 질문인가?
  외모의 단점을 지적하는 질문인가?

- 자신이 생각한 이유를 바탕으로 나쁜 질문의 조건을 추출해 본다.
  예 사람의 단점을 파고드는 질문
  비난하려는 의도가 분명하게 느껴지는 질문

3 착한 질문으로 변신시키기

- 상대방의 기분이 나쁘지 않도록, 앞서 떠올린 나쁜 질문을 착한 질문으로 바꾸어 본다.
  예 "공부가 재밌으려면 어떻게 하면 좋을까?"
  "건강을 위해서 우리가 할 수 있는 일이 무엇일까?"

- 상대를 배려하는 질문은 무엇인지 생각해 본다.

4 질문 태도 점검표 만들기

- 착한 질문으로 바꿀 때 고려했던 내용을 바탕으로 착한 질문의 조건을 생각해 보고, 이를 점검해 볼 수 있는 질문을 만들어 본다.
  예 상대방을 배려하는 질문인가?
  상대방이 흔쾌히 대답할 수 있는 질문인가?
  상대방의 사생활이나 개인 정보를 침해하는 질문은 아닌가?

- 작성한 질문을 가지고 질문 태도 점검표를 만든다. 점검할 항목의 성격에 따라 OX 형식이나 별점을 매기는 방식으로 만들 수 있다.

5 정리하기

- 점검표의 항목들을 모둠원들과 공유하고 이야기를 나누어 본 뒤, 필요한 경우 항목을 수정한다.

- 점검표를 활용하여 자신의 질문 태도를 점검해 본다.

■ 이 활동은 '질문을 하는 바른 태도가 무엇인지 알아보자.'라는 학습 목표를 바탕으로 중학교 1, 2학년 도덕 시간에 실시해 보았습니다. 학생들은 질문을 듣고 상처받은 경험이 많았는데, 특히 청소년기에 받은 질문들이 그러했습니다. 혹여 이 활동으로 인해 학생들에게 나쁜 기억을 떠오르게 할 수 있어서, 가급적 밝고 즐거운 분위기에서 가볍게 이야기를 나눌 수 있도록 하였습니다. 텔레비전 프로그램에서 접했던 다양한 질문으로 이야기를 시작하여, 성적이나 외모, 인간관계 또는 장래희망 등에 관해 자신이 받았던 질문들을 떠올려 보게 했습니다.

■ 학생들은 나쁜 질문을 비교적 수월하게 생각해 냈습니다. 평소에 말하기 예절에 대해 자주 들어 왔기도 했고, 타인이 던진 질문에 상처받은 경험도 많이 있었기 때문입니다. 그래서 나쁜 질문의 조건을 찾아내는 데 그치지 않고, 나쁜 질문을 착한 질문으로 바꾸어 보는 활동을 진행한 후 이를 바탕으로 질문 태도 점검표를 만들도록 하였습니다. 다음은 학생이 만든 점검표의 예입니다.

평가 항목	평점
• 상대방의 기분을 나쁘게 할 수 있는 질문인가?	☆ ☆ ☆ ☆ ☆
• 대답하기 난감한 질문인가?	☆ ☆ ☆ ☆ ☆
• 상대방의 단점을 공격하는 질문인가?	☆ ☆ ☆ ☆ ☆
• 재미를 위해 장난으로 하는 질문인가?	☆ ☆ ☆ ☆ ☆
• 말하고 싶지 않은 것을 억지로 대답하게 하는 질문인가?	☆ ☆ ☆ ☆ ☆

■ 학생들이 나쁜 질문의 조건을 찾기 힘들어할 때 '나쁜'이라는 표현을 다소 추상적으로 느끼는 학생에게는 자신이 질문을 받았을 때 껄끄러웠거나 불쾌했던 경험을 생각해 보게 할 수 있습니다. 그리고 이를 통해 상대방을 난처하게 만드는 질문이 무엇일지 묻고 그 예를 들어 보게 합니다.

■ 나쁜 질문을 통해 학생들이 장난을 치거나 이를 가볍게 대할 때 때로 상처를 주는 말이나 비속어를 예로 들어 설명할 때, 학생들이 이를 따라하며 장난을 치는 경우가 생기기도 합니다. 그러므로 활동을 시작하기 전에 착한 질문과 나쁜 질문은 단순히 표현의 차이가 아니라 상대방을 배려하는 태도와 예절의 문제라는 점을 강조해 줍니다. 또한 자신에게 나쁜 질문이 아니더라도 상대방에게 나쁜 질문일 수 있다는 점을 충분히 설명하고 상대방의 입장에서 자신의 행위를 성찰해 보도록 지도합니다.

이렇게도 할 수 있어요

■ 이 활동은 다른 사람을 면담하는 활동과 연계하여 진행할 수도 있습니다. 자신이 받은 질문을 떠올리는 것이 아니라 직접 질문을 만들어 보고 이를 평가해 보는 것입니다. 우선, 모둠원 중 한 명 또는 짝을 면담하기 위해 질문을 만들어 보도록 합니다. 그 다음 질문 태도 점검표를 통해 자신의 질문을 점검하고 수정해 보게 합니다. 이를 통해 학생들은 자신의 질문 행위를 되돌아보고 성찰할 수 있습니다.

■ 질문은 수업 시간뿐만 아니라 학생들끼리 일상적으로 자주 주고받습니다. 각 모둠별로 제작한 평가 기준 항목을 전시하고 이 중에 가장 적절한 평가표를 선정하여 학급의 질문 규칙으로 삼아 일상적으로 하는 질문을 점검해 보는 것도 좋습니다.

이런 게 좋아요

"평소 몸무게나 성격 등을 묻는 불쾌한 질문을 종종 받곤 했어요. 매번 그런 질문을 들을 때마다 내가 문제가 있는 건가 싶어 마음이 상하곤 했는데, 이번에 나쁜 질문에 대해 알아보면서 내가 아니라 질문이 나쁘다는 사실을 알게 됐어요."

질문 태도 점검표 만들기

학년   반   번 이름:

1 최근에 내가 받은 나쁜 질문을 생각해 보고 어떤 상황에서 받았던 어떤 질문인지 모둠원들과 이야기해 봅시다.

2 나쁜 질문을 좋은 질문으로 어떻게 바꿀 수 있을지 생각해 봅시다. 그렇게 생각한 이유에 대해서도 이야기해 봅시다.

3 이야기한 내용을 바탕으로 하여 질문 점검표를 만들어 봅시다.

평가 항목	평점
●	☆ ☆ ☆ ☆ ☆
●	☆ ☆ ☆ ☆ ☆
●	☆ ☆ ☆ ☆ ☆
●	☆ ☆ ☆ ☆ ☆
●	☆ ☆ ☆ ☆ ☆

4 각자 만든 질문 점검표 항목을 공유하고 가장 많이 공감을 얻은 항목은 무엇인지 적어 봅시다.

질문왕 김궁금 씨

여러분은 볼 영화를 어떤 기준으로 고르나요? 아마 포스터나 제목을 보고 결정하는 경우가 많을 것입니다. '질문왕 김궁금 씨'는 영화 포스터나 책 표지를 꼼꼼하게 살펴본 다음, 궁금하거나 자세히 알고 싶은 점에 대해 질문을 만들어 보는 활동입니다. 영화 포스터나 책 표지에는 작품에 대한 다양한 정보가 들어 있어서, 간단한 질문부터 복잡하고 심도 있는 질문까지 다양하게 질문 만들기를 연습해 볼 수 있습니다. 또한 일상적으로 접할 수 있는 소재를 통해 쉽고 간단하게 질문을 만들어 봄으로써 질문과 친해질 수 있습니다. 이 활동의 목적은 질문을 다양하고 자유롭게 많이 만들어 보는 것입니다. 포스터나 표지를 보고 세세한 부분까지 꼼꼼하게 살펴본 다음 이에 대한 질문을 만들어 보도록 합니다.

1 자료 살펴보기

• 작품의 내용을 전부 알려 주지 않고, 작품의 전체적인 내용을 표현하거나 홍보하는 자료를 살펴본다. 영화 포스터, 책 표지 등을 자료로 활용할 수 있다.

  예 자료의 전체적인 내용을 살펴본다.

  포스터에 적힌 홍보 문구를 살펴보고 어떤 내용일지 예측한다.

  자료에 나타난 인물 간의 관계 등을 추측해 본다.

  포스터에 드러난 인물, 제목, 감독, 작가, 배우 등을 확인한다.

  해당 작품과 관련하여 자신이 알고 있는 것이 무엇인지 떠올려 본다.

2 자료에 대한 질문 만들기

• 자료를 보고 떠오르는 질문을 모두 적어 본다.

  예 "왜 저런 제목을 붙였을까?"

  "제목이 내용에 어울릴까?"

  "포스터에 적힌 문구의 의미는 무엇일까?"

  "포스터의 인물은 왜 저런 자세를 하고 있을까?"

3 모둠별로 질문 검토하기

• 누가 만든 질문인지 알 수 있도록 각자 붙임쪽지의 색깔을 정한다.

• 정해진 색의 붙임쪽지에 질문을 하나씩 적는다.

• 질문을 적은 붙임쪽지를 질문과 관련된 자료에 붙인다.

• 질문을 하나하나 읽고 모둠원들이 돌아가면서 질문에 대해 답을 해 본다.

4 질문왕 선발하기

• 질문왕 선발 기준을 정하고, 앞서 작성한 질문 붙임쪽지를 기준에 따라 검토한다.

• 선발 기준에 적합하다고 생각하는 질문을 각자 2~3개씩 뽑고, 그 이유에 대해 모둠원들끼리 이야기한다.

• 뽑힌 질문 붙임쪽지를 색깔별로 분류하고, 가장 많이 나온 색깔의 붙임쪽지를 쓴 친구를 '질문왕'으로 선발한다.

- 이 활동은 '시각 자료를 이해하기 위해 필요한 질문을 만들어 보고 이를 통해 텍스트를 더 폭넓게 이해할 수 있다.'라는 학습 목표를 바탕으로 중학교 3학년 국어 기간에 적용해 보았습니다. 수업에서는 영화 〈밀정〉을 대상으로 하였으며, 학생들에게 영화 포스터의 다양한 버전을 인쇄하여 나눠 주었습니다. 그리고 포스터만 보고 생각나는 질문을 다양하게 떠올려 보도록 했습니다. 혼자 조용히 생각하지 말고 친구들과 가볍게 대화하면서 살펴보는 것도 좋다고 안내해 주었더니, 학생들이 좀 더 자유롭게 활동에 참여하였습니다.

- 질문을 생각한 뒤에는 붙임쪽지에 질문을 쓰고 이를 질문과 관련된 포스터에 붙이도록 하였습니다. 학생들이 어느 정도 질문을 만들면 모둠에서 함께 질문을 읽어 보고, 모둠원들이 돌아가면서 대답해 보게 하였습니다. 이때 붙임쪽지의 색을 달리하여 질문자를 구분하기 쉽게 하는 동시에, 각자 만든 질문의 개수를 시각적으로 파악할 수 있도록 하였습니다. 다음은 학생들이 만든 질문의 예입니다.

> "저 사람의 콧수염은 진짜일까, 변장일까?"
> "이들은 어떤 상황에서 사진을 찍은 걸까?"
> "뒤에 있는 외국어 문구는 무슨 뜻일까?"
> "어느 시대를 배경으로 하는 것일까?"
> "이 중에 리더는 누구일까?"
> "왜 포스터를 흑백으로 만들었을까?"

- **질문에 답을 잘 하지 못할 때** 작품을 감상하기 전에 하는 활동이다 보니, 작품을 직접 보지 않은 상황에서는 정확하게 대답해 줄 수 없는 질문이 나오기도 합니다. 이 경우에는 감상 전에도 대답할 수 있는 질문과 감상한 후에 대답할 수 있는 질문을 구분하고, 지금 해결할 수 있는 것을 대상으로 활동을 진행합니다.

감상한 후에 대답할 수 있는 질문은 따로 모아 두고 차후에 별도의 활동을 마련하여 활용할 수도 있습니다.

■ **선발 기준에 부합하는 질문을 고르지 못할 때** 먼저, 질문의 수준이 비슷하여 선발 기준에 적합한 질문을 고르지 못하는 경우가 있습니다. 이 경우에는 각 질문의 질에 대해 별점을 매기거나 논평을 하게 해서 좋은 질문들을 추려 내도록 합니다. 또한 어떤 질문이 좋은지 판단하기 어려워하는 경우라면 가장 재미난 질문, 가장 엉뚱한 질문 등 학생들이 다가가기 쉬운 기준을 만들어 질문왕을 선발해 보도록 할 수도 있습니다.

이렇게도 할 수 있어요

■ 학생들이 활동에 익숙해지면 여러 작품의 자료를 가지고 동시에 활동을 진행한 다음, 개별적인 작품의 특성과 관계없이 공통으로 적용할 수 있는 질문 목록을 만들어 볼 수도 있습니다. 이러한 공통 질문을 통해 책이나 영화를 보기 전에 할 수 있는 질문에는 무엇이 있을지 생각해 볼 수도 있습니다.

■ 기본적으로 이 활동은 작품을 보기 전에 진행됩니다. 그런데 작품을 감상한 뒤 다시 질문을 만들어 보게 하면 배경지식의 차이가 질문의 깊이에 어떤 영향을 미치는지 학생들이 느낄 수 있습니다. 작품을 보기 전에 질문을 만들어 보고, 해당 작품을 함께 감상한 후에 다시 질문을 만들어 봅니다. 그 후 작품을 감상하기 전과 후의 질문이 어떻게 달라졌는지, 질문을 할 때 마음가짐이나 태도는 어떻게 달랐는지를 이야기해 보게 합니다.

이런 게 좋아요

"아주 어렸을 때는 궁금한 점이 많았던 것 같은데, 점점 평소에 질문을 하지 않게 되면서 어느새 익숙해졌던 것 같아요. 이번에 친구들이랑 영화 포스터를 보고 이런저런 상상을 하면서 질문을 해봤는데, 나의 질문 세포가 살아나는 느낌이었어요. 다음에 친구들과 영화를 보러 가게 될 때는 영화를 보기 전에 질문부터 해 보려고요."

이번에는 '어떻게'로 질문을 만들어 보시게!

질문이란 말은 흔하게 사용됩니다. 하지만 수업이나 강연이 끝나고 "질문이 있으면 하세요."라는 말을 들으면 그 흔한 말이 막막하게 느껴지곤 합니다. '이번에는 '어떻게'로 질문을 만들어 보시게!'는 '누가', '언제', '어떻게', '왜', '무엇', '만약' 등의 표지를 활용하여 질문을 만들어 보는 활동입니다. 이 활동은 학생들이 사실을 확인하는 질문 이외에도 다양한 질문을 만들 수 있도록 돕기 위해 구안한 것입니다. 제시된 글을 읽은 뒤 다양한 형태의 질문을 만들고, 이에 서로 답해보는 과정을 통해 학생들은 글을 다각도로 이해할 수 있습니다. 또한 이 활동은 교과 수업 시간에 사용되는 다양한 자료를 읽을 때에도 활용할 수 있습니다.

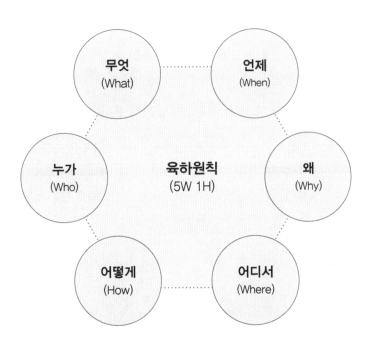

1 자료 읽기	• 다양한 정보가 제시되어 있는 글을 읽고 내용을 파악한다.

2 질문 키워드를 뽑아 질문 만들기	• 모둠별로 '누가', '언제', '어떻게', '왜', '무엇', '만약', '?'와 같이 질문 키워드가 쓰인 카드를 받는다.

• 받은 카드를 모둠원들이 돌아가면서 한 장씩 뽑는다.

• 뽑은 카드에 적힌 질문 키워드를 활용하여 질문을 만든다. '?' 카드를
뽑은 사람은 자유롭게 질문을 만들 수 있다.

• 위의 과정을 3번 반복하여 각자 3개씩 질문을 만든다.

3 질문 분류하고 답하기	• 만든 질문을 모아 모둠원들과 돌려 본 뒤, 질문 키워드에 따라 분류한다.

• 키워드별로 분류한 질문에 답을 해 본다.

4 질문 키워드 탐구하기	• 어떤 키워드가 사용된 질문이 어렵고 쉬웠는지, 또는 재밌었는지 이야기해 본다.

• '누가', '언제', '어떻게', '왜', '무엇', '만약'으로 만든 질문의 특성을
각자 정리하고 모둠원들과 공유한다.

■ 이 활동은 육하원칙과 같은 표지를 활용하여 질문을 만들어 봄으로써 다양한 측면에서 글을 이해하는 방법을 학습하기 위한 활동으로, 중학교 3학년 국어 시간에 적용해 보았습니다. 어느 정도 질문 만들기가 익숙해진 후에는 학생들에게 글을 읽도록 안내했습니다. 수업에서는 아버지 에드워드가 아들 윌리엄에게 들려준 이야기들을 바탕으로 아버지의 삶을 찾아가는 윌리엄의 여정을 다룬 대니얼 월리스(Daniel Wallace)의 소설 『빅 피쉬(Big Fish)』를 활용하였습니다. 이때 학생들의 수준에 따라 다양한 글이나 자료를 선정할 수 있는데, 필요하다면 여러 자료를 동시에 활용하거나 모둠별로 다른 자료를 제시할 수도 있습니다. 학생들이 글을 읽은 후에는 자신이 뽑은 질문 키워드에 따라 질문을 만들게 하였습니다. 다음은 학생들이 만든 질문의 예입니다.

"에드워드가 만든 이야기 가운데 가장 인상적이었던 것은 <u>무엇</u>인가?"

"<u>만약</u> 당신이 이야기를 잘 지어내는 농담꾼 아버지 에드워드의 딸이나 아들이 라면, 아버지가 임종을 앞둔 상황에서 <u>어떻게</u> 대처했을까?"

"'빅 피쉬'라는 제목이 상징하는 의미는 <u>무엇</u>일까?"

"에드워드가 '빅 피쉬'가 되어버린 결말에 대해 <u>어떻게</u> 생각하는가?"

"작가가 이 작품을 통해 말하고자 하는 주제는 <u>무엇</u>인가?"

"이 작품에서 가장 인상적으로 읽은 대목은 <u>무엇</u>이었고, <u>왜</u> 그 대목이 인상적이 었는가?"

"이 작품에서 가장 마음에 드는 인물은 <u>누구</u>인가?"

"이 작품에서 각색하고 싶었던 부분이 있다면 <u>왜</u> 그리고 <u>어떻게</u> 각색하고 싶은 가?"

"이 작품은 아버지와 아들의 이야기인데, <u>만약</u> 이 작품이 아버지와 딸의 이야 기였다면 내용이 <u>어떻게</u> 달라질 수 있을까?"

"살아가면서 이야기를 지어내거나 부풀려 이야기해 본 경험이 있다면 <u>언제</u>였고, <u>왜</u> 그러했는가? 그렇게 이야기하고 나서 <u>어떤</u> 기분이 들었는가?"

"에드워드는 죽을 때 큰 물고기가 된다. <u>만약</u> 당신이 인간의 생을 마치고 나서 인간 이외의 다른 생물로 환생할 수 있다면, <u>어떤</u> 생물이 되고 싶은가?"

■ 질문을 만들고 나서는 모둠에서 함께 질문을 분류하였습니다. 육하원칙의 각 요소를 가지고 질문을 분류하기 때문에 학생들은 이를 쉽게 수행하였습니다. 이후에는 키워드에 속한 각각의 질문에 대답을 해 보고, 각자 키워드별 질문의 특성을 정리해 보도록 하였습니다. 다음은 학생들이 작성한 키워드별 질문의 특성의 예입니다.

누가
"인물에 대해 묻는 질문으로, 주로 명료한 답이 나오는 편이다."

왜
"인물의 행동이나 사건의 과정 등에서 원인과 결과에 대해 곰곰이 생각해 보게 하는 질문으로, 좀 더 깊이 생각해야 답이 나온다."

만약
"발생한 상황과 다른 방향으로 이야기가 진행되었을 때를 묻는 질문으로, 좀 더 깊이 생각해야 할 뿐 아니라 상상력이 많이 필요하다."

이럴 때는 이렇게

■ **뽑은 질문 키워드로 질문을 잘 만들지 못할 때** 질문 만들기에 익숙하지 않은 학생들이 많다면 처음에는 친구들에게 개인적으로 궁금했던 질문이나 근황에 대한 질문 등을 해 보게 한 다음, 키워드가 들어간 질문의 예시를 충분히 보여 줍니다. 또는 질문을 만드는 부담을 줄여 주기 위해 '패스' 기회를 부여하여 필요에 따라 학생이 사용할 수 있게 하는 것도 좋습니다. 예를 들어 질문을 만들기 난감한 키워드가 나왔을 때, "패스!"를 외치고 다른 키워드 카드를 뽑게 할 수 있습니다.

■ **너무 단순한 질문을 만들 때** 학생들이 키워드를 가지고 장난처럼 질문을 만들 수도 있습니다. 예를 들어 "이건 왜 그래?" 등의 단순한 질문이 계속될 경우, 선생님이 중간에 개입해 주는 것도 좋습니다. 자료가 이야기 글일 경우에는 '인물', '사건', '배경' 등의 키워드를 적은 카드를 추가로 제공하고 여기에서 하나,

육하원칙 질문 키워드 카드에서 하나를 골라 2가지 키워드를 활용하여 질문을 만들어 보게 할 수도 있습니다.

이렇게도 할 수 있어요

- 텍스트를 읽을 시간이 부족하다면 친구들에 대한 질문을 만드는 방식으로 변형하여 활용할 수 있습니다. 친구를 면담한다고 생각하고 주어진 키워드를 활용하여 3~5개씩 질문을 만들어 보게 한 다음, 이 질문들을 모두 모아 '면담 질문 모음집'을 제작할 수도 있습니다.

- 여건이 된다면, 주사위를 만들어 각 면에 질문 키워드를 하나씩 적어 넣고 각자 주사위를 굴려서 질문 키워드를 뽑을 수도 있습니다. 또한, 카드를 뽑지 않고 모든 제시어마다 학생들이 질문을 만들어 보게 할 수도 있습니다. 이렇게 하면 모든 학생들이 모든 유형의 질문을 학습할 수 있습니다.

이런 게 좋아요

"학교에서 수업을 듣고 나면 질문이 있냐고 종종 물으시는데, 그때마다 뭔가 모두 아는 것이 아닌데도 질문하기가 막막하더라고요. 그런데 키워드로 질문을 만드니 안내 표지판이 있는 것 같아 좋았어요. 일단 그것을 넣으면 질문도 쉽게 만들어지는 느낌이었고요. 카드를 뽑는 재미도 있었던 것 같아요."

우리가 만드는 질문 그물
― 질문으로 마인드맵 만들기

　　우리는 가끔 다른 사람들의 행동을 이해하기 힘들 때가 있습니다. 그럴 때면 문득 "왜?"란 질문이 떠오릅니다. "왜 저 사람은 욕을 하지?"와 같은 것이 그 예입니다. 가끔 추상적이고 철학적인 단어나 문장을 들어도 질문이 생깁니다. "과연 '악하다'는 건 어떤 거지?"와 같은 질문 말입니다. '우리가 만드는 질문 그물'은 어떤 개념이나 현상을 더 깊이 있게 이해하기 위한 질문을 던지고 이를 통해 마인드맵을 작성해 보는 활동입니다. 마인드맵은 개념을 시각적으로 정리하여 한눈에 살펴볼 수 있도록 해 주는 효과적인 학습 전략입니다. 이를 만드는 과정에서 학생들은 차근차근 질문을 던짐으로써 개념을 정리할 뿐 아니라 탐구 질문까지 나아갈 수 있습니다. 대상이 되는 개념은 형이상학적이고 철학적인 것부터 주변에서 자주 볼 수 있는 사물까지 학생들의 배경지식 및 학습 내용 등에 따라 자유롭게 정할 수 있습니다.

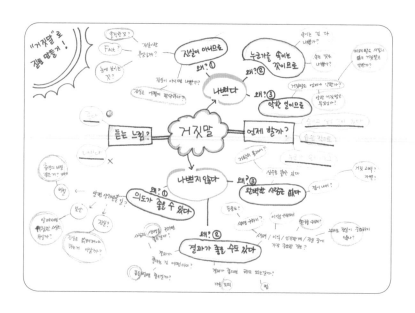

1 질문하고 싶은 개념 선정하기

- 알고 싶거나 정리하고 싶은 개념에는 무엇이 있는지 생각해 본다.
  > **예** 거짓말, 욕, 성실

- 각자 돌아가면서 자신이 생각한 개념과 그 개념을 선택한 이유를 설명한 뒤, 모둠원들과 함께 모둠에서 탐구할 개념을 선정한다.

2 꼬리에 꼬리를 무는 질문 만들기

- 선정한 개념을 가지고 각자 몇 가지 질문을 만들어 본다.
  > **예** 선정한 개념: 거짓말
  > "거짓말이 나쁜가?"
  > "사람들은 언제 거짓말을 하는가?"
  > "누군가의 말이 거짓말임을 알게 됐을 때 사람들은 어떻게 느끼는가?"

- 각각의 질문에 대해 가능한 답을 작성해 본다.
  > **예** "거짓말이 나쁜가?"
  > - "거짓말이 항상 나쁜 것은 아니다."
  > - "거짓말은 진실이 아니므로 나쁘다."

- 작성한 답에 대해 꼬리에 꼬리를 무는 질문을 만들어 본다.
  > **예** "거짓말이 항상 나쁜 것은 아니다."
  > - "결과가 좋다면 거짓말이 꼭 나쁜 것은 아니지 않은가?" → "결과가 좋다는 것은 어떤 의미인가?" → "이러한 거짓말은 해도 되는가?" → …
  > - "남을 위한 거짓말이 나쁜 것인가?" → "의도가 좋은 거짓말이라고 해서 결과가 좋다는 보장이 있는가?" → …
  > - "진실을 말하는 것보다 중요한 가치가 있는가?" → "생명/이익/인간관계/진실 중 무엇이 가장 중요한가?" → …

3 질문 그물 만들기

- 종이 가운데에 선정한 개념을 쓰고, **2** 단계에서 작성한 질문과 답을 정리하면서 질문 그물을 만든다.

- 질문 그물을 검토하고 필요해 보이는 질문과 답을 추가하여 그물을 확장한다.

4 질문 그물 공유하고 보고서 작성하기

- 각자 만든 질문 그물을 모둠원들에게 보여 주고 의견을 듣는다.

- 의견을 반영하여 질문을 추가하거나 답을 수정한다.

- 완성된 질문 그물을 바탕으로 보고서를 작성한다. 보고서를 쓰는 데 자료가 필요하다면 이를 검색하거나 조사하여 완성한다.
  > **예** 〈거짓말 총정리 보고서〉, 〈거짓말을 알려 주마!〉

■ 이 활동은 질문을 통해 추상적이고 철학적인 개념을 깊이 있게 이해하는 것을 목적으로 기획된 활동으로, 고등학교 2, 3학년 윤리와 사상 시간에 실시해 보았습니다. 먼저 학생들에게 평소 생각을 정리하고 싶거나 더 알고 싶은 개념들에는 무엇이 있는지 각자 생각해 보고 이를 모둠원들과 자유롭게 이야기해 보게 하였습니다.

■ 학생들은 각자 궁금증을 갖고 있었던 개념을 모아 놓고 이에 대해 토의하여 모둠에서 집중적으로 탐구할 주제를 결정했습니다. 이때 학생들에게 꼬리에 꼬리를 무는 질문을 만들 것을 예고하여, 질문을 최대한 많이 만들 수 있는 개념을 선정하도록 하였습니다. 모둠별로 다른 개념을 선정할 수도 있고, 학급에서 여러 모둠이 하나의 개념을 가지고 동시에 활동을 진행할 수도 있습니다. 이 수업에서 학생들이 함께 정한 개념은 '거짓말'이었습니다.

■ 개념을 정한 다음에는 우선 개인적으로 꼬리에 꼬리를 무는 질문을 만들어 보도록 하였습니다. 이후 자신이 작성한 질문과 답을 바탕으로 질문 그물을 만들도록 하였습니다. 질문 그물을 제작할 때에는 여러 색을 사용하여 그림을 그리거나 강조 표시를 해도 된다고 안내해 주었습니다.

■ **학생들이 개념을 정하지 못할 때** 학생들이 활동을 수행할 개념을 잘 정하지 못할 때에는 최근 사회적으로 화제가 된 사건, 혹은 유명한 영화나 소설에 등장한 사건에 대해 함께 이야기하게 할 수 있습니다. 그리고 이야기 과정에서 논란이 됐던 쟁점을 통해 핵심적인 개념을 생각해 보게 합니다. 널리 알려진 동화를 예로 들어 핵심 개념을 생각하는 과정을 미리 설명해 줄 수도 있습니다. 예를 들어, 「심청전」에서 다루고 있는 '효(孝)', 「흥부전」에서 다루고 있는 '선(善)'을 제시할 수도 있습니다.

■ **질문이 막힐 때** 다소 관념적인 개념을 다루다 보면 질문이 중간에 막힐 수 있습니다. 이 경우에는 선생님이 도움을 주거나 옆 모둠의 모둠원을 잠시 초대하여 질문을 만들어 보게 할 수 있습니다. 마인드맵은 브레인스토밍처럼 생각을 자유롭게 뻗쳐 나가는 것이 핵심이지만, 떠오르는 대로 생각을 쏟아 내는 브레인스토밍과는 달리 연결 고리를 견고하게 만들어 시각적으로 도식화해야 합니다. 따라서 생각이 멈추었을 때 연결 고리가 될 새로운 생각이 필요할 수 있습니다. 이를 위해 각 조에서 질문을 만들어 주는 초대 손님 한 명을 5분간 영입할 수 있는 '질문 게스트' 같은 장치나 '선생님 찬스'를 마련하는 것도 좋습니다.

■ **마인드맵을 그리기 어려워할 때** 전체 활동 중 질문 그물을 그리는 과정은 개인별로 수행하는 활동이지만, 학생들이 마인드맵에 익숙하지 않다면 모둠 활동으로 진행할 수도 있습니다. 커다란 종이를 마련하여 가운데에 모둠이 선정한 주제를 쓰고 각자 그물을 그려 가는 것입니다. 학생들에게 서로 대화하면서 그려도 된다고 말해 주면 더 적극적으로 의견을 교환하면서 질문 그물을 완성할 수 있습니다. 만약 대부분의 학생들이 마인드맵을 그려 본 경험이 없다면, 모둠별로 돌아가면서 질문에 질문을 더하며 이어 붙이는 활동을 할 수도 있습니다. 학생들에게 초등학교 때 했던 이어달리기나 말놀이를 예로 들어 주고, 붙임쪽지를 활용하여 질문을 기차처럼 이어 붙이면 된다고 설명하면 잘 이해할 것입니다. 이 활동을 통해 학생들은 개념 간 연결 고리를 만들어 낸다는 마인드맵의 기본 원리를 흥미롭게 배울 수 있습니다.

■ 이 활동은 마지막에 탐구한 개념에 대한 보고서를 작성해야 하지만, 보고서를 쓰는 데에 어려움을 겪거나 시간이 부족하다면 각자 간단한 글을 쓰게 해 보는 것도 좋습니다. 또는 모둠원들이 돌아가면서 느낀 점을 말해 볼 수도 있습니다. 단, 어떤 방법이든지 질문 그물을 그리면서 떠올린 생각을 정리할 수 있는 기회를 제공해 주어야 합니다.

■ 질문 그물을 그리는 행동 대신, 게임의 형식으로 질문을 이어가는 활동을 할 수도 있습니다. 모둠에서 2명을 뽑은 뒤 먼저 한 사람이 개념에 대한 질문을 만들어 던지면 상대방이 관련된 질문을 이어서 만들고, 다시 그 상대방이 질문을 이어가는 과정을 반복하는 것입니다. 그러다가 누군가 이어서 질문을 만들지 못하면 그 사람이 지게 됩니다. 이때 게임에 참가하지 않는 나머지 모둠원은 질문을 기록하게 합니다. 이들이 질문의 질을 따져 점수를 매기고 최종적으로 승패를 결정하도록 할 수도 있습니다.

"예전에도 마인드맵 그려본 적이 있었지만, 이번에 질문 수업을 하면서는 질문 그물을 통해 무엇을 얻었는지 곰곰이 생각해 보았어요. 그물을 그리기 위해 나 자신에게 질문하면서 생각의 폭을 넓혀갔구나 하는 생각이 들었어요. 질문 그물을 다 그려보니 내 생각이 넓어진 것 같아서 뿌듯했어요."

■ Part 3

질문을 배우기

01

다양한 질문 만들기

다양한 질문 만들기

저자에게 물어봐

학생들은 학교 안팎에서 다양한 자료를 읽지만 그 내용을 깊이 이해하지 못할 때가 많습니다. 이런 문제를 해결하기 위해 질문을 하며 읽으라고 조언을 해 주어도 낱말의 뜻이나 단편적인 내용을 묻고 답하는 데 그치곤 합니다. '저자에게 물어봐'는 글을 쓴 저자로 질문 대상을 한정하여 보다 초점화된 질문을 만들어 보는 활동입니다. 저자에게 던지는 질문은 글을 쓰게 된 배경이나 글의 의도 및 주제에서부터 표현 방식에 이르기까지 다양하게 나타날 수 있으며, 이러한 질문을 제기하는 과정에서 학생들은 자료를 더욱 깊이 있게 이해할 수 있습니다. 이 활동은 국어 수업뿐만 아니라 사회과, 도덕과 수업 등 글 자료를 활용하는 교과의 수업에서도 사용할 수 있습니다.

1 저자에게 질문할 요소 점검하기

• 저자에게 질문할 요소를 점검해 본다.

> 예 저자가 글을 쓴 의도와 목적
>
> 저자의 삶과 글의 관련성
>
> 글의 효과나 영향력에 대한 생각
>
> 나의 생각과 저자의 생각 간의 공통점과 차이점
>
> 저자가 나(독자)를 설득하거나 끌어들이는 방법

2 저자에게 궁금한 점을 질문으로 만들기

• 소설, 에세이, 논설문, 신문 칼럼 등을 읽는다.

• 글을 쓴 저자에게 묻고 싶은 것을 각자 4개씩 질문으로 만든다.

3 짝–모둠 토론을 통한 인터뷰 질문 선정하기

• **2** 단계에서 개별적으로 만든 질문을 바탕으로 짝 토론을 실시하여 4개의 질문을 선정한다.

• 모둠 토론을 통해 질문을 선정한 기준에 대해서 공유한다.

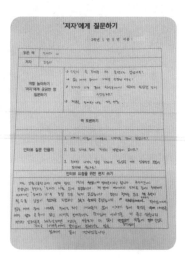

> 예 글과 저자를 연결하는 질문인가?
>
> 저자를 통해서만 확인할 수 있는 질문인가?
>
> 저자에게 물어볼 요소를 잘 반영한 질문인가?
>
> 글을 보다 깊게 이해할 수 있는 질문인가?

• 모둠원들이 적절하다고 판단한 기준에 의하여 저자에게 인터뷰할 최종 질문을 3개 선정한다.

4 **'저자-기자'**
역할 놀이하며
질문하고 답하기

- 모둠원 4명이 가위바위보를 해서 이긴 사람 1명은 '저자' 역할을, 나머지 3명은 '기자' 역할을 맡는다.

- '저자'와 '기자'가 적힌 이름표를 만들어 자신의 역할에 맞게 붙인다.

- 기자 역할을 맡은 학생은 **3** 단계에서 선정한 질문을 저자 역할을 맡은 학생에게 한다.
  예 "최근 유행하는 방 탈출 게임을 소설의 소재로 활용한 것에는 특별한 이유가 있나요?"

- 저자 역할을 맡은 학생은 질문에 답한다.

5 **실제 저자에게**
인터뷰를
요청하는
편지 쓰기

- '저자-기자' 역할 놀이에서 주고받은 질문과 대답을 떠올려 보면서 실제 저자에게 가장 물어보고 싶은 질문과 그 이유, 더 알고 싶은 내용, 저자에 대한 질문을 만들어 본 느낌 등을 정리한다.

- 정리한 내용을 참고하여 실제 저자에게 인터뷰를 요청하는 편지를 쓴다.

■ '글 속에 나타난 작가의 창작 의도를 떠올리며 읽을 수 있다.'라는 학습 목표를 바탕으로 고등학교 2학년 독서 수업에 이 활동을 적용해 보았습니다. 활동 제재로 활용한 글은 김영하 작가의 단편 소설 「신의 장난」이었습니다.

■ 소설의 독특한 구성과 생소한 소재, 명확하지 않은 주제, 열린 결말 등으로 인해 학생들의 독서 후 반응이 매우 다양하게 나타났습니다. 학생들은 글을 읽으면서 작가에게 궁금한 점을 메모해 두고, 글을 다 읽은 후에 각자 저자에게 묻고 싶은 것을 질문으로 만들었습니다. 그다음 짝과 함께 토론하며 최종 인터뷰 질문을 선정하였습니다. 이 과정을 통해 학생들은 머릿속의 질문들을 보다 구체화·정교화할 수 있었습니다. 다음은 학생들이 작성한 인터뷰 질문들을 주제별로 모은 예입니다.

---

1. 저자의 창작 의도 및 목적에 관련된 질문

① 결국 이 소설에서 말하고 싶었던 것이 무엇인가요?

② 이 소설을 읽은 청소년들에게 하고 싶은 말은 무엇인가요?

③ 이 소설이 현재 우리 사회의 문제점을 드러내는 것이라면 작가님께서 하고 싶은 이야기는 무엇인가요?

④ 독특한 소재와 상황을 활용한 의도가 무엇인가요?

⑤ 소설 속에 등장하는 인물들의 캐릭터에 숨겨진 의도가 있는 것 같은데 무엇인가요?

2. 저자의 생애나 경험과 관련된 질문

① 작가님의 실제 경험이 이 작품에 반영되어 있나요?

② 작가님은 실제 '방 탈출 게임'을 해 보신 적이 있나요?

③ 이 소설 속 인물들과 비교할 때 작가님은 젊은 시절을 어떻게 보내셨나요?

3. 작품의 영향력에 대한 질문

① 10년쯤 지난 후에 이 작품이 어떤 평가를 받을 것이라고 생각하나요?

---

② 작가님은 이 소설이 청소년들에게 어떤 영향을 미칠 것이라고 생각하나요?

③ 작가님은 방송에 많이 나오시는데 이 작품과 관련하여 질문을 받으신 적이 있나요?

4. 작품 창작 배경이나 방법과 관련된 질문

① 최근에 유행하는 게임을 소설의 소재로 활용한 이유가 무엇인가요?

② 소설의 소재를 탐구하고 발굴하는 방법은 무엇인가요?

③ 이렇게 소설이 끝나면 좀 허무한 것 아닌가요?

④ '방 탈출 게임'이라는 소재에서 공간이 주는 의미는 무엇인가요?

5. 저자가 독자를 설득하거나 끌어들이는 방법과 관련된 질문

① 다른 작가와 비교했을 때 작가님만의 독특한 표현 기법은 무엇인가요?

② 소설에 등장하는 독특한 배경이나 인물이 독자들에게 공감을 불러일으킬 수 있다고 생각하나요?

이럴 때는 이렇게

■ **활동 제재를 선정하기 어려울 때** 이 활동을 위한 제재는 주제나 내용 등이 명확한 글보다는 사람마다 다르게 해석할 여지가 있는 글을 선정하는 것이 좋습니다. 내용에 대해 의문과 궁금함이 생기고, 학생들 사이에서 다양한 반응이 나오는 글일수록 저자에게 물어볼 질문을 많이 만들 수 있습니다. 또한 이 활동에서는 1시간 내에 읽을 수 있는 분량의 단편 소설이나 짧은 칼럼 등을 활용하는 것이 좋습니다.

■ **학생들이 인터뷰를 위한 최종 질문을 선정하기 어려워할 때** 서로 겹치는 질문이 없는지 살펴보고, 저자에게 질문을 던짐으로써 작가의 창작 의도를 분석해 볼 수 있는 질문으로 최종 선정할 수 있도록 합니다.

■ **'저자-기자' 역할 놀이에서 답을 잘 못할 때** 저자와 기자로 나뉘어 역할 놀이를 할 때, 저자 역할을 맡은 학생이 질문에 답을 잘하지 못할 때가 많습니다. 이 경우

학생들에게 가상의 대화 상황임을 상기시키고, 글을 다시 읽어 보거나 저자의 입장에서 생각해 보도록 안내합니다.

이렇게도 할 수 있어요

■ 학생들이 흥미를 가질 만한 사회적 사건에 대해서 견해를 달리하는 두 개의 신문 칼럼을 제시할 수도 있습니다. 이후 학생들에게 두 글의 관점을 정리한 다음, 각각의 저자에게 그러한 입장을 취하는 이유 또는 칼럼의 구체적인 내용에 관한 질문을 해 보도록 합니다. 이때 선생님은 저자에 대한 정보를 많이 제시하여 학생들이 자료를 저자와 관련지어 읽고 이를 바탕으로 질문하도록 독려하는 것이 좋습니다. 예를 들어 아래와 같은 내용과 순서로 활동을 진행할 수 있습니다.

---

① 난민 보호 문제에 대해 다른 관점을 갖고 있는 두 개의 글을 읽는다.

글 1		글 2
난민 보호는 지구촌 시대의 공감과 연대의 실천이라는 입장의 글	↔	난민 보호는 사회적 비용의 증가를 불러온다는 입장의 글

② 각각의 글에 대한 관점과 내용을 정리한다.

③ 저자에게 하고 싶은 질문을 작성한다.

"난민들을 돕고 그들의 권리를 인정해 주는 것이 우리나라와 국제 사회에 어떤 영향을 미칠 수 있다고 생각하시나요?"

"난민 보호가 자국민의 일자리를 위협하거나 사회 안정에 부정적 영향을 끼친다는 견해에 대해서는 어떻게 생각하나요?"

"난민 심사를 엄격히 하고 난민을 합법적으로 인정해 주는 해외 사례에 대해서 어떻게 생각하나요?"

"단순히 난민을 받아 주는 것이 좋은 것이 아니라 난민에 대한 국민들의 정서가 어떠한지를 파악하고 문제를 해결하는 것이 더 중요하지 않을까요?"

저자에게 물어봐

학년   반   번 이름:

1 작품과 관련하여 궁금한 점을 떠올리며 저자에게 할 질문을 만들어 봅시다. (개인)

-
-
-

2 짝(모둠) 토론을 하여 인터뷰 질문을 선정해 봅시다.

-
-
-

3 '저자-기자' 역할 놀이를 하며 질문하고 답해 봅시다.

질문	답
•	•
•	•
•	•

4 실제 저자에게 인터뷰를 요청하는 편지를 써 봅시다.

닫힌 질문과 열린 질문

학생들은 질문을 하면서도 자신이 왜 그 질문을 하는지, 그 질문이 어떤 의미를 갖는지를 분명히 인식하지 못하는 경우가 있습니다. 질문에는 간단한 사실이나 이미 알고 있는 정보를 확인하기 위한 것도 있고, 다른 사람과 생각을 나누거나 더 깊이 있는 대화를 이어 나가기 위한 것도 있습니다. 또한 분명한 답을 요구하는 질문도 있고, 다양한 관점이나 생각을 요구하는 질문도 있습니다. 이처럼 질문마다 성격도 다르고 용도도 다르기 때문에 학생들은 자신의 질문이 어떤 성격의 질문이며 어떤 상황에서 활용될 수 있는지를 알아야 합니다. 또한 자신이 평소에 주로 어떤 종류의 질문을 하는지 스스로 성찰할 필요가 있습니다. '닫힌 질문과 열린 질문'에서 학생들은 성격이 다른 질문을 만들어 보면서, 자신이 어떤 종류의 질문을 만들었는지 판단하고 상황이나 목적에 따라 적절한 유형의 질문을 해야 한다는 사실을 인식할 수 있게 됩니다.

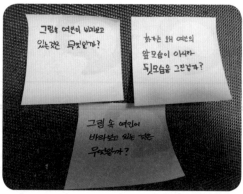

1 자료
감상하고
이야기 나누기

• 제시된 그림, 조각, 사진 등의 자료 중 하나를 선택한다.

• 선택한 자료를 자유롭게 감상한 후 모둠별로 감상 내용에 대해
이야기를 나눈다.

2 자료에 대한
질문 만들기

• **1** 단계에서 자료에 대해 감상하고 이야기한 내용을 바탕으로
모둠별로 10개의 질문을 만든다.
• 질문을 하나씩 붙임쪽지에 적는다.

3 질문에 대한
답 찾기

• 자료를 꼼꼼히 보거나 상상력을 발휘하여 질문에 대한 답을
생각한다.
• 답을 찾는 데 정보가 필요할 경우 도서관에 가서 책을 찾거나
인터넷을 통해 필요한 자료를 검색한다.

4 **닫힌 질문과 열린 질문 분류하기**

- **3** 단계에서 생각한 답을 바탕으로, 질문을 닫힌 질문과 열린 질문으로 분류한다.

> 닫힌 질문: 답이 분명하게 정해져 있는 명확한 질문
>
> 예 "이 그림은 누가 그린 것일까?"
>
> "화가가 이 그림을 그린 때는 언제일까?"
>
> 열린 질문: 확실하게 정해진 답이 없이 다양한 답이 가능한 질문
>
> 예 "그림 속 여인이 바라보고 있는 것은 무엇일까?"
>
> "여인은 왜 골짜기로 올라갔을까?"

5 **자신의 질문 성찰하기**

- 자신이 만든 질문을 살펴보고 닫힌 질문과 열린 질문 중 어느 것이 더 많은지 파악한다.

- 닫힌 질문과 열린 질문의 특징과 장단점에 대해 생각해 본다.

■ '예술 작품을 감상하며 떠오르는 생각들을 질문으로 만들어 분류할 수 있다.'라는 학습 목표를 가지고 고등학교 1학년 미술 시간에 이 활동을 적용해 보았습니다. 학생들은 질문을 통해 예술 작품을 깊이 있게 감상하였으며, 열린 질문과 닫힌 질문 모두 작품을 감상하는 데 유용하게 활용될 수 있음을 경험하였습니다.

■ 가령, '간단한 정보를 확인할 때', '내용을 정확하게 이해했는지 확인할 때'와 같은 경우는 닫힌 질문을 활용하면 좋습니다. 아래 예에서 알 수 있듯이 닫힌 질문은 즉각적이고 빠르게 답을 확인하거나 문제를 해결하는 데 유용합니다. 한편, 열린 질문은 '폭넓은 대화를 통해 생각과 감정을 공유할 때', '대화를 길게 이어 나가야 할 때', '지식을 탐구할 때', '어려운 삶의 문제를 해결할 때'와 같은 경우에 활용할 수 있습니다. 열린 질문은 질문에 대한 답을 즉각적으로 찾을 수는 없지만, 더 많은 정보를 탐색하는 발판 또는 다른 사람들과 생각을 비교해 보거나 대화를 길게 이어 나가기 위한 도구가 될 수 있습니다. "화가는 왜 여인의 앞모습이 아닌 뒷모습을 그렸을까?"와 같은 질문은 정답이 있는 것은 아니지만, 그림의 창작 배경을 탐구하거나 이와 관련하여 누군가와 대화하고자 할 때 적절한 질문입니다. 다음은 이 활동을 하며 학생들이 만들고 분류한 질문의 예입니다.

닫힌 질문

"이 그림은 누가 그린 것일까?"

"그림 속 여인은 화가와 관련이 있는 인물일까?"

"이 그림의 배경이 된 곳은 실재하는 곳일까?"

열린 질문

"그림 속 여인이 바라보고 있는 것은 무엇일까?"

"여인이 골짜기로 올라간 이유는 무엇일까?"

"여인은 무슨 생각을 하고 있는 걸까?"

"그림의 전체적인 분위기가 밝은 톤으로 그려졌는데 무슨 이유일까?"

"화가는 왜 여인의 앞모습이 아닌 뒷모습을 그린 것일까?"

■ **제시된 자료가 지나치게 어려울 때** 너무 어려운 자료가 제시되면 학생들은 질문 만들기에 집중하지 못하고 자료를 이해하는 데 많은 에너지를 소모하게 됩니다. 반대로 자료가 지나치게 단순하거나 학생들 대다수가 이미 알고 있는 내용이라면 풍부한 질문이 나오기 어렵습니다. 따라서 자료를 준비할 때는 다양한 유형의 질문을 유도할 수 있도록 적절한 수준의 자료를 선정하는 것이 좋습니다. 예를 들어, 그림 자료를 활용할 때는 너무 어렵지 않은 추상화나 풍경화를 제시하면 학생들의 상상력을 자극할 수 있고, 그림의 내적·외적 측면에서 다양한 질문이 만들어질 수 있습니다.

■ **학생들의 질문이 한 유형으로 치중하여 나타날 때** 특정 유형의 질문을 잘 이해하지 못해 그런 것이라면 다른 유형의 질문 사례를 제시해 줍니다. 만약 열린 질문이 닫힌 질문보다 더 좋은 질문이라는 선입견을 갖고 있기 때문이라면 질문 유형에 대해 자세히 안내할 필요가 있습니다. 이 활동을 통해 학생들이 두 질문 유형 모두 장점과 단점이 있고, 각기 다른 상황에서 유용하게 사용될 수 있다는 점을 아는 것이 중요합니다.

닫힌 질문과 열린 질문의 장단점

	닫힌 질문	**열린 질문**
장점	• 빠르다. • 즉각적으로 명확한 정보를 제공한다. • 분명한 답을 얻을 수 있다.	• 더 많은 정보를 얻을 수 있다. • 더 많은 것을 발견할 수 있다. • 전체적인 설명을 들을 수 있다. • 다른 사람이 무슨 생각을 하는지 들을 수 있다. • 이해를 돕는 설명을 제공한다.
단점	• 많은 정보를 제공하지 않는다. • 토의를 차단한다. • 정말로 알고 싶은 것을 알 수 없다. • 더 많이 알아야 하거나 더 많은 정보를 원해도 얻을 수 있는 것은 한 단어로 된 답뿐이다.	• 적확한 답을 얻을 수 없다. • 필요한 정보를 얻지 못할 수 있다. • 들은 모든 것을 이해할 수 있는 것은 아니다. • 답을 이해하지 못하거나, 답을 가지고 무엇을 해야 할지 알지 못한다. • 더 혼란스러워질 수 있다. • 답이 너무 길 수 있다.

출처: 댄 로스스타인·루스 산타나, 『한 가지만 바꾸기: 학생이 자신의 질문을 하도록 가르쳐라』, pp. 129-130.

그림이나 사진과 같은 시각적인 자료를 활용할 수도 있지만, 그림과 글이 함께 제시되는 그림 동화책을 활용하여 수업을 진행할 수도 있습니다. 그림 동화책은 학생들이 10분 이내로 읽을 수 있으며 글과 함께 제시된 그림이 학생들의 상상력을 자극하는 것으로 선정하는 것

낡은 사진 속 이야기

이 좋습니다. 다음은 중일전쟁 시기 중국 청년과 일본 청년 간의 우정을 그린 천룽(岑龍)의 『낡은 사진 속 이야기』라는 동화책을 읽고 학생들이 만든 질문 목록입니다.

닫힌 질문

"'아버지'와 '야마모토'는 어떤 친구 사이였는가?"

"두 젊은이가 인류학을 전공한 이유는 무엇일까?"

"아버지가 적국의 친구를 끝까지 그리워한 이유는 무엇일까?"

열린 질문

"'아버지'에게 친구 '야마모토'는 어떤 존재였을까?"

"전쟁이 없었다면 이 두 젊은이는 어떻게 되었을까?"

"어른이 된 '나'가 두 분을 대신하여 벚꽃을 보러 갔을 때 어떤 기분이었을까?"

"이 활동을 하기 전에는 제가 어떤 질문을 주로 하는지 스스로 성찰해볼 기회가 없었던 것 같아요. 이 활동을 해보니, 제가 너무 단순한 질문들만 한다는 사실을 깨닫게 되어서 좋았습니다. 질문이 탐구가 되고 더 깊은 배움으로 나아가기 위해서는 열린 질문도 많이 해야 한다는 사실을 알게 되었습니다."

질문, 어디까지 해 봤니?

학생들은 학교 안팎에서 다양한 매체를 통해 많은 자료들을 읽고 보지만, 특별한 문제의식을 가지고 질문하며 읽는 경우는 많지 않습니다. '질문, 어디까지 해 봤니?'는 신문 기사나 광고 등 다양한 자료를 읽는 과정에서 여러 질문들을 떠올려 보고, 이 질문들을 항목별로 분류하고 정리하는 활동입니다. 이 활동을 통해 자신이 만든 질문에 대해 생각하고 질문을 정교화하는 방법을 익힐 수 있습니다. 또한 글의 내용뿐만 아니라 글을 쓰는 과정이나 표현 방법 등 글쓰기의 내적·외적인 상황 전반에 걸쳐 질문을 만들어 낼 수 있다는 점을 학생 스스로 인식하도록 도와줍니다.

1 자료를
꼼꼼하게 읽기

• 모둠별로 제목, 사진, 그림, 그래프 등 다양한 형태의 자료가 포함된
글(신문 기사, 과학 · 시사 잡지, 광고 등)을 읽는다.

2 자유롭게
질문 만들기

• 글을 읽으면서 떠오르는 질문을 각자 분홍색 붙임쪽지에 쓴다.

  예 "이 자료는 2년이 지난 현재에도 유효한 자료일까?"

    "지금 지구 오존층 사진을 찍으면 어떤 모습일까?"

    "글쓴이의 전망과 현재의 기상 이변 현상에 괴리가 있는 이유는
무엇일까?"

3 유사한 질문
통합하기

• 모둠별로 각자 만든 질문들을 모은다.

• 모둠원들의 질문을 살펴보고, 비슷한 질문이 있다면 합친다.

4 질문 분류하기

• '자료 내적 질문', '자료 외적 질문', '자신의 생각과 비교하는
질문'이라는 질문의 세 가지 항목에 대해 이해한다.

	자료의 제목이나 소제목에 대한 질문
자료의 내적 질문	자료의 내용에 대한 질문
	자료의 표현에 대한 질문
	글쓴이의 주장에 대한 질문
	자료나 정보를 더 찾기 위한 질문
자료의 외적 질문	자료의 신뢰성을 평가하기 위한 질문
	자료의 활용에 대한 질문
자신의 생각과 비교하는 질문	

- 질문 붙임쪽지를 항목에 따라 분류한 뒤 분류판의 해당 영역에 붙인다.

5 **추가 질문 만들기**
- 분류판에서 질문 붙임쪽지가 하나도 없는 영역이 있다면, 추가 질문을 만든 후 노란색 붙임쪽지에 써서 붙인다.

6 **질문 갤러리 워크**
- 모둠별로 만든 질문지 분류판을 칠판에 붙인다.
- 모둠별로 나와서 다른 모둠의 질문을 살펴보고, 자기 모둠의 질문과 비교한다.

7 **갤러리가 뽑은 최고의 질문은?**
- 자료를 깊이 이해하도록 도와주거나 다른 관점에서 생각하게 만드는 등 최고의 질문이라고 생각하는 질문지에 빨간 스티커를 붙인다.
- 빨간 스티커가 가장 많이 붙은 최고의 질문을 발표한다.

▣ '신문, 광고, 텔레비전 등의 매체에 드러난 글쓴이의 관점이나 표현 방법의 적절성을 평가할 수 있다.'라는 학습 목표를 가지고 고등학교 1학년 국어 수업에서 이 활동을 진행하였습니다. 교과서에 제시된 신문 기사, 광고, 텔레비전 영상 자료(뉴스 등)를 본 뒤, 교과서에 제시된 질문 외의 다양한 질문을 만들고 그 답을 찾아가면서 학생들은 심화된 활동을 수행하였습니다. 다음은 남극 오존층의 구멍이 넓어지고 있다는 내용의 신문 기사를 본 뒤, 질문을 만들고 이를 항목에 따라 분류한 사례입니다.

자료 내적 질문	자료의 제목이나 소제목에 대한 질문	"신문 기사의 표제와 부제를 통해 드러내려는 의도는 무엇일까?"
	자료의 내용에 대한 질문	"오존층을 파괴하는 주요 원인은 무엇일까?" "몬트리올 의정서의 합의 내용에는 어떤 것들이 있을까?"
	자료의 표현에 대한 질문	"왜 '~하다'가 아니라 '~할 수 있다'라고 썼을까?"
	글쓴이의 주장에 대한 질문	"40년 후에 오존층이 자연 회복된다는 주장이 사실일까?"
자료 외적 질문	자료나 정보를 더 찾기 위한 질문	"2040년에 남극의 오존층이 자연 회복된다는 전망에 대해 다른 견해를 갖고 있는 전문가는 없을까?"
	자료의 신뢰성을 평가하기 위한 질문	"이 자료가 현재에도 유효한 자료일까?" "제시된 위성사진이 이 기사 내용을 뒷받침하는 최적의 자료일까?"
	자료의 활용에 대한 질문	"이 자료를 활용하여 폭염과 혹한에 시달리는 사람들에게 어떤 말을 할 수 있을까?"
자신의 생각과 비교하는 질문		"오존층을 파괴하는 물질을 지속적으로 억제하기 힘들 수 있으므로 저자의 예측은 어긋날 수도 있지 않을까?"

▣ 자신이 만든 질문이 어떤 유형에 집중되어 있는지를 시각적으로 파악할 수 있게 하기 위해 처음에 만든 질문은 분홍색 붙임쪽지에, 이후에 추가로 만든 질

문은 노란색 붙임쪽지에 작성하도록 하였습니다. 이 활동에서 학생들은 자신이 평소에 하는 질문의 유형을 성찰하고 다양한 유형의 질문이 있다는 것을 체험할 수 있었습니다. 또한 질문 갤러리 워크를 통해 다른 학생들의 질문 내용과 유형을 분석하는 기회를 가질 수 있었습니다.

이럴 때는 이렇게

■ **질문 분류를 어려워할 때** 학생들이 자신들이 만든 질문이 어떤 범주에 속하는지 분류하기를 어려워하는 경우에는 교사가 시범을 보여 주는 것이 좋습니다. 자료의 내적 질문, 외적 질문, 자신의 생각과 비교하는 질문에 해당하는 전형적인 질문들을 하나씩 골라 이 질문이 왜 이 범주에 속하는지를 자세하게 설명해 주면 됩니다. 또는 모둠별로 하나씩의 질문을 받아서 전체 학생들과 함께 질문 분류하기 활동을 하면서 연습을 진행할 수도 있습니다.

■ **질문 갤러리 워크에서 다른 모둠의 질문에 궁금함이 생길 때** 질문 갤러리 워크를 할 때에는 학생들에게 충분한 시간을 주어 다른 모둠의 질문을 읽어 볼 수 있도록 합니다. 다른 모둠의 질문을 이해하지 못하는 학생이 있다면 해당 모둠 대표에게 질문에 대한 질문을 하는 시간을 주는 것도 좋습니다. 이 시간에는 질문에 대한 답을 찾는 것뿐만 아니라 학생들이 자신의 질문 유형을 파악하고 다른 친구들과 비교하면서 다양한 유형의 질문을 자연스럽게 체험하도록 유도해야 합니다.

이렇게도 할 수 있어요

■ 학생들이 질문 만들기 활동을 어려워할 경우에는 '질문 분류 이심전심' 게임을 활용하여 선생님이 제시하는 질문이 어떤 유형에 해당하는지 맞혀 보는 활동으로 변형하여 진행할 수도 있습니다. 학생들에게 다양한 질문 유형을 먼저 설명한 후, 선생님이 미리 만들어 온 질문들을 항목별로 분류해 보도록 하는 것입니다. 질문에 번호를 붙이고 질문 분류표에 유형에 맞는 질문 번호를 적게

하여 가장 많이 맞힌 모둠을 선정하는 게임 형식으로 진행하면 학생들의 흥미를 더욱 높일 수 있습니다. 게임이 끝난 후에는 모둠별 분류표를 비교하는 활동으로 마무리하는 것도 좋습니다.

이런 게 좋아요

"글을 읽고 질문을 만들다 보니 더 깊게 생각하게 되는 것 같아요. 그리고 질문이 글 내용에 대한 것뿐만 아니라 다른 다양한 것에 대해서도 할 수 있다는 점도 알게 되어서 좋았어요."

질문 땅 따먹기

　　우리는 다매체 시대를 살고 있으며 수많은 정보의 홍수 속에 놓여 있습니다. 학생들 역시 인터넷이나 책, 교과서 등에서 다양한 정보를 접하고 있습니다. 그러나 학생들은 이러한 자료를 정확하게 이해하고 비판하며, 자료와 자료를 연결하여 공통분모를 찾아내고 목적에 맞게 사용하는 것을 어려워합니다. '질문 땅 따먹기'는 학생들이 주어진 자료들을 서로 비교하면서 살펴보고, 이 자료들의 연결 고리를 찾은 후에 이들을 연계하여 통합하는 질문을 만들어 보는 활동입니다. 이러한 질문 만들기 활동을 통해 학생들은 자료를 분석하고 통합하는 능력을 키울 수 있습니다. 자료를 정확히 분석하고 통합하는 능력은 다양한 매체에서 무수한 정보가 쏟아지는 이 시대를 살아가는 학생들에게 꼭 필요한 능력이라고 할 수 있습니다.

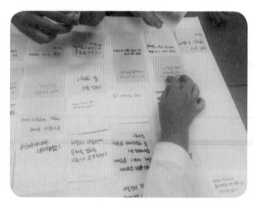 

1 통합 질문을 만들기 위한 연결 고리에 대해 토의하기

- 여러 자료들을 접할 때 각각의 자료를 통합하여 사고함으로써 정보를 종합적으로 파악하는 것이 중요함을 이해한다.

- 제시된 자료들의 연결 고리로 활용할 수 있는 기준이나 내용에 대해 모둠별로 토의한다.

    예 자료들의 공통적인 주제

      주제를 드러내는 방식의 차이

2 제시된 자료를 분석하기

- 최근 문제가 되는 사건이나 사회 현상을 다룬 신문 기사, 광고, 카드 뉴스, 사진 등 다양한 자료를 살펴본다.

    예

갑질 문화를 비판적이고 해학적으로 다룬 공익광고 영상	악성 댓글이 누군가에게 흉기가 될 수 있다는 경고를 담은 공익광고	층간 소음 문제로 인한 이웃 간의 갈등을 취재한 신문 기사

- **1** 단계에서 토의한 연결 고리를 중심으로 자료들에 대하여 토론한다.

3 자료를 연결하는 통합 질문 만들기

- 모둠별로 다른 색의 붙임쪽지를 받는다.

- **2** 단계에서 토론한 내용을 바탕으로, 제시된 자료들을 연결하는 통합 질문을 만들어 정해진 색의 붙임쪽지에 적는다.

    예 "인간 사회에서 갈등이 일어나는 근본 원인은 무엇일까?"

      "인간관계에서 언어로 인한 상처를 어떻게 치유할 수 있을까?"

      "현대 사회에서 공동체를 평화롭게 유지하기 위해 가장 중요한 것은 무엇일까?"

4 질문판에
질문지
배열하기

- 각 모둠에서 적은 질문지를
질문판 위에 올려 놓는다.

- '질문 땅 따먹기' 게임을
위해 '이끔이'를 선정한다.
이끔이는 어떤 모둠에도
속하지 않고 공정하게
게임을 진행하는 역할을
맡는다.

5 '질문 땅 따먹기'
게임하기

- 선생님께서 설명해 주시는 '질문 땅 따먹기' 게임 방법을 듣고
이해한다.

> 질문 땅 따먹기
> ① 가위바위보, 제비뽑기 등으로 모둠별 질문 순서를 정한다.
> ② 첫 번째 순서인 모둠에서 자기 모둠의 질문들 중 하나를 읽는다.
> ③ 이끔이가 다른 모둠의 질문지 중에서 이와 유사하다고 생각되는 질문지를
>   질문판 위에서 뺀다. 빈자리에는 질문을 읽은 모둠의 붙임쪽지와 같은
>   색의 붙임쪽지를 붙인다.
> ④ 만약 유사한 질문이 없을 경우 이끔이는 다른 모둠이 그 질문에 답을
>   하도록 한다. 이 중 가장 적절한 답을 한 모둠의 붙임쪽지를 해당
>   질문판에 붙인다.
> ⑤ 다음 순서의 모둠도 동일하게 진행한다.

- 방법에 따라 '질문 땅 따먹기' 게임을 한다. 게임은 모든 질문을 읽을
때까지 계속 진행한다.

- 게임이 끝나면 이끔이가 질문판 위의 붙임쪽지 개수를 센다. 가장
많은 붙임쪽지를 붙여 가장 넓은 땅을 획득한 모둠을 선정한다.

■ 고등학교 2학년 독서 시간에 '다양한 매체의 자료를 통합하여 읽을 수 있다.' 라는 학습 목표를 가지고 이 활동을 진행하였습니다. 학생들은 '질문 땅 따먹기' 게임을 하면서 질문을 만들고 답하는 활동에 흥미를 느꼈습니다. 또한 질문을 많이 하는 것 못지않게 여러 자료를 연결 지을 수 있는 질문을 만드는 것이 중요하다는 점을 자연스레 깨닫게 되었습니다. 통합적인 사고력을 증진시키는 이러한 활동들이 누적되면 다매체 읽기에도 도움이 될 것입니다. 학생들은 다음과 같은 질문을 만들었습니다.

> "우리 사회에 만연한 계층 간 갈등 문제의 근본적인 원인은 무엇일까?"
> "계층 간, 집단 간, 이웃 간에 조화롭게 살기 위한 방안은 무엇일까?"
> "과거에 비해 현대 사회에서 갈등이 더 심화되는 이유는 무엇일까?"
> "인간관계에서 언어로 인한 상처를 회복할 수 있는 방안은 무엇일까?"
> "주제를 효과적으로 드러내기 위해서 활용하는 매체들의 특성은 무엇일까?"
> "상대방의 감정을 고려하지 않는 사람들이 가진 심리는 어떤 것일까?"
> "인간관계에 긍정적인 영향을 미칠 수 있는 건강한 갈등은 없을까?"

■ 대부분의 질문을 미시적인 수준에서 만들 때 학생들이 자기 모둠의 영역을 넓히기 위해 다른 모둠원들이 대답할 수 없을 정도로 지나치게 미시적인 질문을 만들지 않도록 사전에 충분히 설명해 주어야 합니다. 반드시 제시된 자료들을 통합하는 질문을 만들어야 한다는 점을 학생들에게 인지시켜 줍니다.

■ 질문의 내용보다 게임에만 몰두할 때 학생들이 게임에만 몰두하여 질문 내용을 집중해서 듣지 않았다면, 게임이 끝난 후에 각 모둠에서 만든 질문들을 모두 펼쳐 놓고 질문들 간의 유사점과 차이점을 확인해 보는 활동을 추가할 수 있습니다.

■ 학생들이 질문 만들기에 관심을 보이지 않을 때 학생들이 질문 만들기에 어려움을 겪거나 흥미를 잃으면 게임으로 이어지지 못할 수도 있습니다. 따라서 제시할 자료를 선정할 때 학생들의 수준이나 흥미를 고려해야 합니다. 최근 이슈가 되는 사회 문제를 다룬 자료를 준비하는 것도 좋습니다.

이렇게도 할 수 있어요

■ 창의적 체험활동 등의 주제 통합 수업을 할 경우에는 '질문 땅 따먹기'를 응용하여 '질문-대답하기' 활동을 할 수 있습니다. '질문-대답하기'는 각기 다른 교과에서 사용되는 개념을 통합적으로 사고하여 질문을 만들어 보는 활동입니다. 다음은 '쉘터 슈트, 라이프 스트로, 라꾸라꾸 휴대폰'에 대한 자료들로 '질문-대답하기' 활동을 진행한 예시입니다.

질문-대답하기

① 학생들에게 생소하면서도 여러 교과와 연계될 수 있는 개념에 대한 설명 자료를 제시한다.

> • 쉘터 슈트(shelter suit): 재킷과 침낭, 백팩으로 분리할 수 있는 슈트. 노숙자나 난민의 생활에 도움을 줄 수 있음.
> • 라이프 스트로(life straw): 수질 오염이 심각한 개발 도상국이나 제3세계 국가의 사람들을 위해 개발된 적정기술 제품. 오염된 물이 빨대 내부에 있는 다양한 필터를 거치며 세균이 제거되고 깨끗해짐.
> • 라꾸라꾸 휴대폰: 휴대폰에서 필요 없거나 복잡한 기능을 없애고, 보고 듣고 쓰기 좋게 디자인한 노인용 휴대폰.

② 모둠별로 이 자료에 대한 질문을 만들게 한다.

> "어떻게 새로운 아이디어와 사회 문제를 통합하여 새로운 해결 방안을 만들어 낼 수 있을까?"
> "거리에서 생활해야 하는 사람들에게는 무엇이 필요할까?"
> "사회 문제와 디자인이 만나면 어떤 일이 벌어질까?"

"디자인이 어떻게 사회 문제를 해결할 수 있을까?"
"환경이 나빠져 오염된 물을 마셔야 한다면 어떻게 할까?"

③ 모둠별로 10개의 카드에 통합 질문을 만든 후, 다른 모둠에 질문한다. 각 질문에 가장 적절한 대답을 한 모둠이 카드를 가져간다.
④ 순서대로 질문-대답하기가 모두 끝났을 때 카드를 가장 많이 가지고 있는 모둠이 승리한다.

이런 게 좋아요

"질문 땅 따먹기를 하다 보니 처음에는 다른 모둠이 할 수 없는 곤란한 질문을 만들어 우리 모둠의 영토를 넓혀야겠다는 생각만 했는데, 그다음 놀이에서는 더 다양한 질문들을 만들어 냈던 것 같아요. 게임처럼 질문을 해서 지루하지 않고 좋았어요."

꼬리에 꼬리를 무는 질문에 답하기

　　학생들이 학습 목표와 관련지어 질문을 만들고, 이 질문에 대한 답을 지속적으로 찾게 하려면 어떻게 해야 할까요? 이를 위해 성취기준에서 도출된 학습 목표를 기반으로 '세부 사항 질문-범주 질문-정교화 질문-증거 질문'의 네 단계로 설계되는 질문 연속체를 활용할 수 있습니다. 내가 알고 있는 것을 확인하는 차원을 넘어, 글을 읽으면서 떠오르는 생각들을 꼼꼼하게 따져 보거나 더 깊게 파고들어 생각하거나 내 생각의 한계를 확인하는 질문들을 제기하는 차원으로 나아갈 때 자료에 대한 이해를 더욱 심화시킬 수 있습니다.

　　'꼬리에 꼬리를 무는 질문에 답하기'는 질문 연속체를 변형한 것으로, 선생님이 제시하는 일련의 질문에 학생들이 답을 함으로써 자신의 생각을 분석적으로 따져 보고 정교화하는 활동입니다. 이 활동을 통해 학생들은 자료를 보다 상세히 탐구하고 자료 속의 인물이나 상황을 더 깊이 있게 이해할 수 있습니다. 또한 질문에 답을 하는 과정을 통해 질문이 생성되는 원리나 과정에 대한 이해도 신장시킬 수 있습니다.

1 **자료 꼼꼼하게 읽기**

- 학습 목표를 염두에 두고 주어진 자료를 꼼꼼하게 읽는다.

  예 김애란의 단편 소설 「노찬성과 에반」

2 **'세부 사항 질문'에 답하기**

- 선생님이 제시하신 '세부 사항 질문'을 듣고 이에 답한다.

  > 세부 사항 질문: 수업에서 다루는 주제나 학습 목표와 관련하여 자료의 세부적인 내용을 확인하는 질문.

  예 학습 목표인 '인물의 정서(심리) 파악하기'와 관련된 세부 사항 질문의 예

  "찬성이에게 에반은 어떤 존재였나요?"

  "찬성이가 휴대폰을 갖게 된 후 달라진 점은 무엇인가요?"

  "에반을 안락사시키려고 했다가 생각을 바꾼 이유는 무엇인가요?"

  "찬성이가 에반에게 줄 핫바를 살 때의 마음은 어땠을까요?"

3 **'범주 질문'에 답하기**

- 선생님이 제시하신 '범주 질문'을 듣고 이에 답한다.

  > 범주 질문: 세부 사항 질문에서 다룬 내용이 속해 있는 범주에 관한 질문. 세부 사항 질문은 여러 범주를 포함할 수 있는데, 특정한 범주로 한정함으로써 좀 더 초점화된 질문을 할 수 있다.

  예 범주인 '찬성이를 힘들게 하는 것과 행복하게 하는 것'에 관한 범주 질문의 예

  "찬성이의 삶을 힘들게 하는 것과 행복하게 하는 것들은 무엇일까요?"

  "찬성이를 행복하게 해 주는 것들은 어떤 특성을 갖고 있을까요?"

  "찬성이를 힘들게 하는 것과 행복하게 하는 것의 차이점은 무엇인가요?"

4 **'정교화 질문'에 답하기**

- 선생님이 제시하신 '정교화 질문'을 듣고 이에 답한다.

> 정교화 질문: 앞의 두 단계에서 찾아낸 정보를 정교화하는 질문.
> '왜?'라는 질문을 통해 학생들이 좀 더 깊이 있게 생각하도록 한다.

예 범주 질문에 대해 '왜?'를 생각해 보는 정교화 질문의 예

"에반은 왜 찬성이의 삶을 힘들게도, 행복하게도 만든다고 생각하나요?"

"찬성이는 왜 에반의 안락사와 자신의 욕망 사이에서 갈등한 것일까요?"

"마지막 장면에서 찬성이는 왜 할머니가 밤마다 되뇌던 '용서'라는 말을 떠올렸을까요?"

- 선생님의 질문에 답하면서 정교화된 자신의 생각을 정리하여 글로 써 본다.

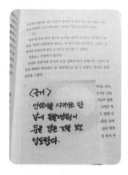

---

5 **자신의 정교화를 뒷받침하는 '증거' 찾기**

- **4** 단계에서 작성한 정교화된 생각을 뒷받침할 수 있는 '증거'를 자료 속에서 찾아 제시한다.

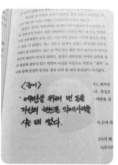

---

6 **자신의 생각 정리하기**

- 단계별 질문에 답하며 정교화된 생각과 증거를 바탕으로, 자신의 생각을 한 문단(2~3문장)으로 정리해 본다.

예 인물의 심리(정서)에 대한 분석을 바탕으로 이 소설에서 말하고자 하는 주제가 무엇인지 자신의 생각을 쓴다.

[참고 자료] '질문 연속체'의 4단계

단계	기술
세부 사항 질문	교사는 수업에서 다루는 주제와 관련된 주요 세부 사항에 대해 질문한다.
범주 질문	교사는 세부 사항이 속한 범주를 확인하고, 해당 범주와 그것의 특성에 대해 질문한다. 이러한 질문은 일반적으로 다음과 같다. − 학생에게 해당 범주의 예들을 찾으라고 요구한다. − 학생에게 해당 범주의 일반적인 특성을 묘사하라고 요구한다. − 학생에게 해당 범주 내 비교 및 해당 범주와 다른 범주 간의 비교를 하라고 요구한다.
정교화 질문	교사는 학생에게 범주에 대해 확인된 정보를 정교화할 것을 요구하는 질문을 한다. 이러한 질문은 일반적으로 다음과 같다. − 학생에게 특성의 이유를 설명하라고 요구한다. ('왜?' 질문) − 학생에게 특정 특성의 영향을 기술하라고 요구한다. − 학생에게 일정 조건하에서 무슨 일이 발생할지 예측하라고 요구한다. ('만약 ∼라면?' 질문)
증거 질문	교사는 학생에게 자신의 정교화를 뒷받침할 수 있는 증거를 제시하라고 요구한다. 이러한 질문은 일반적으로 다음과 같다. − 학생에게 자신의 정교화를 뒷받침하는 자료를 제기하라고 요구한다. − 학생에게 자신의 정교화를 구성하기 위해 사용한 추론을 설명하라고 요구한다. − 학생에게 자신의 결론 중 일부에 단서를 달거나 제한을 두라고 요구한다. − 학생에게 자신의 정교화를 구성하기 위해 사용한 추론에서 오류를 찾아내라고 요구한다. − 학생에게 자신의 정교화를 다른 관점에서 검토하라고 요구한다.

출처: 로버트 마르자노·줄리아 심스 , 『학생 탐구 중심 수업과 질문 연속체』, pp. 35-67.

■ 고등학교 1, 2학년 독서 동아리 학생들과 '소설 속 인물들의 심리를 파악하여 작품의 주제를 분석할 수 있다.'라는 학습 목표를 가지고 이 활동을 적용해 보았습니다. 이 수업에서는 초등학생인 어린아이와 유기견의 이야기를 담은 김애란의 단편 소설 「노찬성과 에반」을 읽고, 선생님이 제시한 질문 연속체를 변형한 질문에 학생들이 답을 하도록 하였습니다. 학생들이 소설 속 인물에 대해서 집중적으로 탐구하고, 이를 바탕으로 작품의 주제를 스스로 찾아갈 수 있게 하는 데 수업의 초점을 두었습니다.

■ 이 수업의 학습 목표는 소설 속 인물의 심리(정서)를 파악하는 것이므로, 세부 사항 질문들은 등장인물이나 관련된 대상에 한정하여 제시하였습니다. 학생들은 선생님이 제시한 세부 사항에 답하면서 등장인물들의 심리를 정리할 수 있었습니다. 이러한 세부 사항 확인을 바탕으로, 범주 질문과 정교화 질문을 제시하고 학생들에게 답하게 하였습니다. 각 단계에서 선생님이 제시한 질문의 예는 다음과 같습니다.

질문 연속체 단계	질문
세부 사항 질문	• 찬성이는 왜 할머니와 단둘이 살고 있나요? • 찬성이가 휴게소에서 관광객인 척 행동하는 이유는 무엇인가요? • 찬성이를 키우기 위해 할머니는 무슨 일을 하였나요? • 할머니가 밤마다 담배를 피우며 하는 말은 무엇인가요? • 찬성이는 에반과 어떻게 처음 만났나요? • 에반이라는 이름은 어떻게 지어졌나요? • 찬성이에게 에반은 어떤 존재였나요? • 찬성이가 휴대폰을 갖게 된 후 달라진 점은 무엇인가요? • 찬성이가 에반에게 줄 핫바를 살 때의 마음은 어땠을까요? • 찬성이는 왜 아르바이트를 했을까요? • 찬성이가 10만 원을 벌기 위해서는 전단지를 몇 장이나 돌려야 할까요? • 찬성이가 에반을 안락사 시키려고 한 까닭은 무엇인가요? • 에반을 안락사시키려고 했다가 생각을 바꾼 이유는 무엇인가요? • 찬성이 마지막에 '용서'라는 말을 떠올린 이유는 무엇이었을까요?

범주 질문	• 찬성이의 삶을 힘들게 하는 것과 행복하게 하는 것들은 각각 무엇일까요? • 찬성이는 에반을 위해 모은 돈이 점점 줄어들 때 어떤 마음이었을까요? • 찬성이의 삶을 힘들게 하는 것과 행복하게 하는 것들은 무엇일까요? • 찬성이를 행복하게 해 주는 것들은 어떤 특성을 갖고 있을까요? • 찬성이를 힘들게 하는 것과 행복하게 하는 것들의 차이점은 무엇일까요?
정교화 질문	• 찬성이는 왜 에반을 안락사시킬 계획을 바꿔 여생을 행복하게 해 주자고 마음먹었을까요? • 찬성이는 왜 할머니가 중얼거리던 '용서'라는 말을 자신도 떠올리게 된 것일까요? • 찬성이는 왜 마지막 장면에서 에반을 확인하지 않았을까요? • 에반은 왜 찬성이의 삶을 힘들게도, 행복하게도 만든다고 생각할까요? • 만약 죽었다고 생각했던 에반이 살아 돌아온다면 찬성이는 어떻게 했을까요?

■ 그런 다음 학생들에게 단계별 질문에 대한 답을 바탕으로 정교화된 자신의 생각을 글로 써 보도록 하였습니다. 다음은 '찬성이는 왜 에반을 안락사시킬 계획을 바꿔 여생을 행복하게 해 주자고 마음먹었을까?'라는 정교화 질문에 대해 학생이 자신의 생각을 정교화하여 정리한 예입니다.

> "찬성이는 어린아이로 자신이 애정을 쏟은 강아지에 대한 순수함을 지니고 있으나, 자신에게 주어진 '돈'으로 인해 물질적인 욕망(핸드폰, 카드 등)을 갖게 된다. 안락사에 들어가는 돈을 벌기 위해서 아르바이트를 했지만, 결국 그 돈은 에반이 아닌 자신의 욕망을 채우는 데 사용하게 된다. 즉, 찬성이가 에반의 안락사를 포기하고 여생을 행복하게 해 주자고 합리화한 것은 찬성이의 순수함이 물질적 욕망 앞에서 무너진 결과라고 할 수 있다."

■ 이후에는 자신의 정교화를 뒷받침할 수 있는 증거 찾기를 실시하였습니다. 학생들은 소설 속에서 찬성이 에반을 안락사시키기로 한 날에 동물병원이 문을 닫은 것을 보고 안도하는 장면, 찬성이 에반을 위해 번 돈을 자신의 핸드폰 액세서리를 사는 데 쓰는 장면 등을 증거로 찾았습니다.

■ 마지막으로 학생들은 인물과 주제에 대한 자신의 생각을 다시 정리하였습니다. 학생들은 단계별 질문을 통해 학습 목표에 초점을 맞추어 자료의 내용을 깊이 있게 파악하고, 자신의 생각을 구체적으로 정리하며, 증거를 통해 더욱 설득력 있게 뒷받침할 수 있었습니다. 다음은 학생이 최종적으로 자신의 생각을 정리한 예입니다.

> "찬성이에게 에반은 결핍된 애정을 확인하는 존재였고 어린아이다운 순수함을 투영시키는 존재였다. 그러나 찬성이가 에반의 안락사 비용을 마련하기 위해 번 돈을 자신의 물질적 욕망을 채우기 위한 물건들을 사는 데에 쓰는 장면들을 통해서 작가는 인간의 순수성이 자본이나 물질에 의해서 어떻게 무너질 수 있는지를 보여 주고 있는 것 같다."

이럴 때는 이렇게

■ **질문 연속체 활동에 어려움을 느끼거나 너무 익숙해졌을 때** 이 활동을 진행하면서 질문 연속체 활동에 해당하는 '세부 사항 질문에 답하기-범주 질문에 답하기-정교화 질문에 답하기-정교화 질문을 뒷받침하는 증거 찾기'를 순서대로 모두 적용하기 어려울 수도 있습니다. 만약 학생들이 모든 단계를 수행하기 어려워한다면, 일부 단계를 통합하거나 축소하는 등 상황에 맞게 변형하여 활용할 수 있습니다. 반면 학생들이 질문 연속체 활동에 어느 정도 익숙해졌다면, 교사가 제시하는 질문이 어떤 질문 유형에 속하는지를 생각해 보게 할 수 있습니다. 이를 통해 학생들은 자신의 질문에 대해 성찰적으로 사고하는 경험을 하게 됩니다.

이렇게도 할 수 있어요

■ 질문 연속체로 이해의 지평을 넓히는 활동은 토론이나 토의를 준비하기 위한 수업에도 활용할 수 있습니다. 질문 연속체 활동을 통해 학생들은 연속된 질문을 어떻게 생성하는지 자연스럽게 알게 됩니다. 선생님은 이를 바탕으로 학생들이 질문 연속체 질문을 스스로 만들어 보고, 이를 활용하여 토론 자료를 구

성하도록 안내할 수 있습니다. 학생들이 토론에서 질문 연속체를 활용하면, 토론 주제에 관한 사안들을 더 깊이 있게 탐구할 수 있습니다. 또한 이렇게 탐구한 근거를 가지고 자신의 주장을 보다 체계적이고 논리적으로 정리하여 토론에 임할 수 있습니다.

"이 활동은 다른 질문 만들기 활동보다 다소 어려움이 있었습니다. 글을 좀 더 꼼꼼하게 읽어야 했고, 질문을 만드는 시간도 좀 더 걸렸던 것 같아요. 그런데 이런 활동을 하면서 소설 속 상황이나 인물에 대해서 더 깊이 있게 생각하고 이해의 폭이 더 넓어진 것 같아 좋았습니다."

02

질문 들여다보기

최고의 질문자를 찾아라!

최근 TV나 라디오에서는 다양한 강연 프로그램을 방송합니다. 이러한 강연 프로그램에서는 여러 패널이 등장하여 강연자에게 질문을 하는 장면을 자주 볼 수 있습니다. 패널들의 질문은 그 내용이나 형식이 다양한데, 질문의 의도나 내용, 방식 등을 자세히 살펴보면 흥미로운 지점들이 많습니다. '저런 질문을 왜 하는 거지?'라는 문제의식에서 출발하여 질문의 의도, 유형, 영향 등을 분석하는 것은 질문에 대한 메타적 사고를 길러 줄 수 있는 효과적인 방법입니다. '최고의 질문자를 찾아라!'는 강연 패널들의 질문을 분석하고 평가하는 활동입니다. 이를 통해 학생들은 질문 그 자체에 대해 생각하고 판단하는 능력을 기를 수 있습니다. 다른 사람의 질문을 집중해서 듣고 여러 측면에서 살펴보아야 하기 때문에 바람직한 듣기 태도와 비판적 이해를 함양하는 데에도 도움이 됩니다.

1 **질문을 평가하는 기준에 대해 생각하기**
- 각자 어떤 질문이 좋은 질문일지 생각한다.
- 좋은 질문에 대한 생각을 바탕으로 모둠원들과 질문을 평가하는 기준에 대해 이야기를 나눈다.
  - **예** 질문의 의도, 질문의 전제, 질문의 기능, 질문의 가치 등

2 **강연과 패널들의 질문 듣기**
- 강연 프로그램 중 하나를 선정하여 강연과 패널들의 질문을 듣고, 그 내용을 활동지에 간략히 요약한다.

3 **강연 패널들의 질문을 분석하기**
- 강연 패널별로 질문의 내용과 의도, 질문의 형식과 방법을 분석하여 활동지에 정리한다.
  - **예** 질문의 내용과 의도

    강연 내용을 확인하는 질문, 추가 설명을 요구하는 질문, 강연자의 개인적인 견해를 듣기를 희망하는 질문, 강연자와 질문자의 견해차를 확인하는 질문, 강연자에게 문제 상황에 대한 대안을 제시하는 질문 등

4 **강연 패널들의 질문 평가하기**
- 각자 작성한 활동지를 모둠원들과 공유한다.
- 다른 모둠원들과 다르게 분석된 내용이 있거나 자신이 미처 정리하지 못한 내용이 있다면, 다른 모둠원의 활동지를 참고하여 추가로 정리한다.
- 강연 패널들의 질문을 평가할 기준을 함께 만든다.
  - **예** 핵심적인 내용에 대한 질문인가?

    비판적인 생각을 보여 주는 질문인가?
- 평가 기준을 활용하여 강연 패널의 질문을 평가한다.

5 **최고의 질문 패널 선정하기**
- 사용자들의 의견이나 투표를 실시간으로 수집해 화면에 보여 주는 핸드폰 앱(app)을 활용하여 최고의 질문 패널을 선정한다.

- 이 활동은 '강연에 대한 패널들의 질문을 기준에 맞게 평가할 수 있다.'라는 학습 목표를 가지고 고등학교 1학년 창의적 체험활동 시간에 적용해 보았습니다. 학생들은 '행복이란 무엇인가?'라는 주제의 강연을 함께 시청하였습니다.

- 강연을 시청한 뒤 개인별·모둠별로 패널들의 질문을 분석하는 활동을 실시하였습니다. 학생들은 강연을 수동적으로 듣는 것보다 질문을 떠올리면서 들을 때 더욱 깊이 이해할 수 있다는 것을 알게 되었습니다. 또한 학생들은 강의와 패널들의 질문을 함께 들으면서 강연자와 패널 간의 견해차를 확인하거나, 강연에 대한 자신과 패널의 이해를 비교하거나, 강연 내용이나 의도에 대한 추가적인 설명을 듣는 등 강연을 보다 풍성하게 이해하는 경험을 하였습니다. 이처럼 타인의 질문을 분석해 보는 활동은 자신의 질문을 점검할 수 있는 메타적 사고의 바탕이 된다는 점에서 학생의 질문 능력을 향상시키는 데 기여합니다.

- 학생들은 강연 패널들의 질문을 기준에 따라 평가하고, 최고의 질문 패널을 선정하였습니다. 다음은 학생들이 질문을 평가하기 위해 만든 기준입니다.

> "자신의 이해 정도를 확인하는 질문인가?"
> "자신의 생각을 확장하는 데 도움이 되는 질문인가?"
> "강연자의 의도를 확인하기 위한 질문인가?"
> "강연 내용의 타당성을 점검하기 위한 질문인가?"

■ 강연 내용에 집중하지 못할 때 강연 프로그램은 학생들이 흥미를 가질 만한 주제를 다루거나 최근의 사회 현상을 의미 있게 담아낸 내용을 선정하는 것이 좋습니다. 또한 강연 내용이 지나치게 길 때는 패널들의 질문이 많이 담겨 있는 부분을 중심으로 편집하여 활용할 수 있습니다.

■ 학생들이 패널들의 질문을 분석하기 어려워할 때 질문을 처음 분석하는 학생들은 분석 기준을 이해하지 못하는 경우가 많습니다. 이럴 때에는 활동지를 나누어 주고 각 영역에 들어갈 구체적인 질문 사례들을 제시하는 등 질문 분석 방법을 자세히 안내해 주어야 합니다. 예를 들어, 추가 설명을 요청하는 질문은 어떤 것인지, 자신의 생각과 비교하며 강연자의 생각을 묻는 질문은 어떤 것인지 등을 명료하게 알려 줄 필요가 있습니다.

■ 패널들이 강연자에게 던지는 질문을 분석하는 활동 대신, 학생들이 강연 내용에 대해 질문한 뒤 이를 패널들의 질문과 비교하는 활동을 할 수도 있습니다. 학생들은 다른 사람의 질문과 자신의 질문을 비교하면서 질문의 유형이 다양하다는 점을 깨달을 수 있습니다.

■ 질문 분석이 익숙하지 않은 학생들은 질문을 들으며 동시에 분석하는 것을 매우 어려워합니다. 이 경우, 처음에는 분석 없이 편안하게 듣게 한 뒤, 두 번째로 들을 때에는 강연을 분석하면서 듣게 하면 학생들이 활동을 훨씬 수월하게 할 수 있습니다. 만약 학생들이 여러 패널의 질문을 동시에 분석하기 어려워한다면, 자신이 분석하고 싶은 패널을 한 명 정해서 그 패널의 질문만 분석한 뒤 각자의 분석을 서로 비교하는 활동으로 진행할 수도 있습니다.

최고의 질문자를 찾아라!

학년   반   번 이름:

1 강연의 내용을 간략하게 요약해 봅시다.

2 질문자별로 질문을 분석해 봅시다.

질문자	질문 내용과 의도	질문 형식과 방법

3 질문 평가 기준을 만들어 봅시다.

4 최고의 질문자를 선정해 봅시다.

질문 탑 쌓기

    단순히 질문을 많이 하는 것으로 문제를 해결할 수는 없습니다. 문제를 효과적으로 해결하기 위해서는 문제의 원인과 양상을 정확하게 파악하고, 그 문제를 해결하는 데 필요한 질문을 잘 만들어야 합니다. 그래서 일찍이 알베르트 아인슈타인(Albert Einstein)은 해결해야 할 중요한 문제가 있는데, 자신에게 한 시간밖에 없다면 질문을 만드는 데 55분을 사용하겠다고 말하기도 했습니다. 질문을 잘 만들면 문제를 쉽게 해결할 수 있다는 뜻이지요. '질문 탑 쌓기'는 질문의 체계에 대한 학습을 흥미로운 놀이와 결합한 활동으로, 하위 범주에 속하는 '작은 질문'은 탑의 아래쪽에, 상위 범주에 속하는 '큰 질문'은 탑의 위쪽에 쌓는 것입니다. 이를 통해 학생들은 질문에 층위가 있다는 점과 작은 질문들을 해결해 나가는 과정을 통해 큰 질문을 해결할 수 있다는 점을 시각적으로 인지할 수 있습니다.

1 **자료를 읽으며 질문 작성하기**

- 제시된 자료를 읽는다.
  - 예 추모 공원을 건립하려는 시청과 집값 하락 및 환경 문제 등의 이유로 건립을 반대하는 구청의 협상 과정을 담은 글

- 자료를 읽으며 떠오르는 질문을 모두 적는다.

2 **작성한 질문에서 '작은 질문' 찾기**

- 작성한 질문 중 '작은 질문'을 뽑는다. '작은 질문'은 자료에서 답을 바로 찾을 수 있는 것, 인터넷 등을 통해 답을 정확하게 확인할 수 있는 것, 자료를 분석하여 답을 도출할 수 있는 것 등을 말한다.
  - 예 "구청은 왜 추모 공원의 건립을 반대하는 것인가?"
    "구청이 화장장 설치에 동의하면서 조건으로 내세운 것은 무엇인가?"

- 뽑은 '작은 질문'을 붙임쪽지에 써서 컵에 붙인다.

3 **작은 질문을 포괄하는 '큰 질문' 만들기**

- '작은 질문'들을 묶을 수 있는 포괄적인 '큰 질문'을 만들거나, 이미 만든 질문 중에서 '큰 질문'을 찾는다. '큰 질문'은 작은 질문들을 통합하면서 가장 본질적인 문제를 탐구할 수 있는 것 등을 말한다.
  - 예 "집단 사이에 이익이 충돌할 때 어떻게 조정해야 하는가?"
    "우리 사회가 가장 중요한 가치로 삼아야 하는 것은 무엇인가?"

- '큰 질문'을 붙임쪽지에 쓰고 컵에 붙인다.

4 질문 컵으로 탑 쌓기

• '작은 질문'이 붙은 컵은 아래쪽에, '큰 질문'이 붙은 컵은 위쪽에 쌓아 질문 탑을 만든다.

5 질문 탑 옮기기

• 모둠원들이 힘을 합쳐 질문 탑의 가장 꼭대기에 있는 컵을 교탁 위로 옮기는 게임을 한다. 더 빠른 시간에 옮길수록 더 많은 추가 점수를 받는다.

6 '큰 질문'에 답하고 최고의 모둠 뽑기

• 가장 빨리 질문 탑을 옮긴 모둠부터 탑의 가장 꼭대기에 적혀 있는 '큰 질문'에 답한다.

• 질문 탑 옮기기 점수와 질문 답하기 점수를 합산하여 최고의 모둠을 선정한다.

평가 기준

- 질문 탑 옮기기(6모둠 기준): 1등(40점), 2등부터 5점씩 차감
- 질문 답하기(각 항목을 충족한 경우 20점씩 부여)
  ① 질문에 대한 답이 구체적인가?
  ② 질문에 대한 답이 실현 가능한 내용인가?
  ③ 질문에 대한 답에 다른 모둠원들이 공감하는가?

■ 이 활동은 '사회적 갈등의 원인을 분석하고 문제 해결의 가능성을 확인한다.'라는 학습 목표를 가지고 고등학교 1학년 국어와 사회 통합 시간에 진행하였습니다. 학생들은 자료를 분석하고 모둠별로 토론하며, 작은 질문들과 이들을 통합하는 큰 질문을 만들었습니다. 이 과정에서 자연스럽게 질문의 층위가 있음을 인식하게 되었습니다. 또한 컵 쌓기 놀이와 결합된 활동이라 매우 즐거운 분위기 속에서 수업이 진행되었습니다.

> 작은 질문
> "○○구가 추모 공원 건립지로 선정된 이유는 무엇인가?"
> "○○구는 왜 추모 공원의 건립을 반대하는 것인가?"
> "다른 나라에서도 추모 공원이 혐오시설로 여겨지는가?"
> "○○구가 화장장 설치에 동의하면서 조건으로 내세운 것은 무엇인가?"
>
> 큰 질문
> "집단 사이에 이익이 충돌할 때 어떻게 조정해야 하는가?"
> "우리 사회가 가장 중요한 가치로 삼아야 하는 것은 무엇인가?"
> "우리 사회에서 협상이 필요한 이유는 무엇인가?"

■ **질문의 층위에 대한 생각이 다를 때** 일단 '작은 질문'으로 분류하였지만 그 안에서도 질문의 층위에 차이가 있다고 학생들이 생각할 때에는 질문 탑을 3단이나 4단으로 확장할 수 있습니다. 다만 학생들이 질문의 층위를 더 세부적으로 나눠야 할 필요성이 있다고 합의할 때 확장하는 것이 좋습니다. 선생님에 의한 일방적인 조정은 지양해야 합니다.

■ **'작은 질문'만 만들고 '큰 질문'을 만들지 못할 때** 자료 분석을 통해 '작은 질문'은 많이 만들지만, '큰 질문'은 만들기 어려워하는 경우가 있습니다. 이때에는 선생님이 구체적인 사례를 들어 '큰 질문'이 어떤 것인지 설명하거나 다른 모둠

의 질문을 예로 제시하여 학생들이 이를 이해할 수 있도록 안내해 주어야 합니다.

■ **질문 탑 옮기기 게임에만 열중할 때** 질문의 층위를 나누어 보고 이에 답하는 것보다 게임에만 열중하는 경우가 있습니다. 활동에 들어가기 전, 학생들이 이 활동의 본질을 알 수 있도록 목적과 평가 기준을 분명하게 설명해 주어야 합니다. 또한 게임 전에 모둠별로 쌓은 질문 탑의 질문들을 꼼꼼하게 읽고 큰 질문에 대한 답을 미리 생각하는 시간을 갖게 하는 것도 좋습니다.

이렇게도 할 수 있어요

■ '작은 질문'을 먼저 만든 후에 그 질문들을 포괄할 수 있는 '큰 질문'을 만들 수도 있지만, 반대로 '큰 질문'을 먼저 만든 후에 하위의 '작은 질문'들을 만들게 할 수도 있습니다. 이 경우 붙임쪽지에 가장 포괄적인 질문을 먼저 적고 이와 다른 색의 붙임쪽지에 하위의 질문들을 적어 컵에 붙인 후에 질문 탑을 쌓게 하는 방식으로 진행하면 됩니다.

■ 시각적으로 큰 질문과 작은 질문을 인지할 수 있는 다른 방법도 있습니다. 전체 토론을 거쳐 가장 큰 질문을 전지의 맨 위에 적은 후, 모둠별로 그 하위의 작은 질문을 A4 용지의 맨 위에 적도록 합니다. 그다음에 그보다 작은 질문은 붙임쪽지에 써서 붙입니다. 이렇게 되면 전지와 A4 용지, 붙임쪽지 순으로 질문의 크기가 점점 작아지는 것을 눈으로 확인하면서 질문 만들기를 할 수 있습니다.

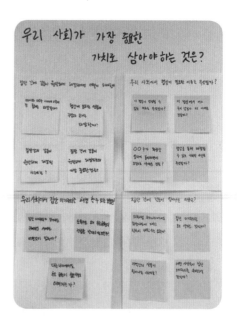

■ 질문 컵 쌓기를 하기 어려운 상황이라면 질문 분류하기를 활용할 수 있습니다. 교과서에 있는 자료로 질문을 만든 뒤 유사한 질문끼리 분류합니다. 분류가 끝난 후에는 그 질문들을 포괄할 수 있는 큰 질문을 만들도록 합니다.

이런 게 좋아요

"이 활동을 하면서 작은 질문과 큰 질문의 개념을 시각적으로도 느낄 수 있어서 좋았던 것 같습니다. 작은 질문들에 답을 하는 과정에서 큰 질문에 대한 답도 자연스럽게 찾아갈 수 있었고, 생각에도 체계가 잡혀간다는 생각이 들었습니다. 탑 쌓기 활동을 하면서 질문 만들기를 놀이처럼 할 수 있었던 것도 좋았습니다."

질문의 무게를 느껴 봐!

　학생들은 문제 상황에 직면하거나 책을 읽을 때 머릿속에서 여러 질문들을 떠올립니다. 그러나 그 질문들이 상황에 적절한지, 문제를 해결하는 데 적합한지, 질문들 중에서 더 핵심적이고 중요한 질문이 무엇인지를 따져 보는 활동은 제대로 이루어지지 않는 경우가 많습니다. '질문의 무게를 느껴 봐!'는 중요도를 중심으로 질문을 판단하면서 질문의 의미에 대해 생각하는 힘을 기를 수 있는 활동입니다. 이 활동을 통해 학생들은 상황과 맥락에 맞는 질문의 중요성을 인식하고, 보다 의미 있는 질문을 할 수 있습니다.

1 글을 읽으며 질문 만들기

• 제시된 글을 읽고, 모둠별로 서로 다른 16개의 질문을 만들어 붙임쪽지에 쓴다.

　예　김진석의 「동물의 복지를 생각한다」를 읽고, 4명이 각자 4개씩 질문을 만든다.

2 주사위 판에 질문을 중요도 순으로 배열하기

• 모둠 토론을 통해 모둠원이 만든 질문의 중요도를 아래 기준에 따라 판단하고, 해당하는 점수를 부여한다.

> • 글의 내용을 확인하는 질문: 1~4점
> • 글의 내용과 관련하여 추론하는 질문: 5~8점
> • 글의 내용을 비판적으로 성찰하는 질문: 9~12점
> • 자신의 생각을 바탕으로 의견을 제시해야 하는 질문: 13~16점

• 가로축과 세로축에 각각 1, 2, 3, 4가 적혀 있는 4×4 주사위 판을 받는다.

• 앞에서 만든 질문을 점수에 따라 배치한다. 주사위 판의 가로축과 세로축을 곱한 숫자가 높을수록 높은 점수의 질문을, 낮을수록 낮은 점수의 질문을 배치한다.

<table>
<tr>
<td>**3**</td>
<td>**질문에 답하고 점수 쌓기**</td>
<td>

- 질문을 주사위 판에 모두 배치하면 가위바위보로 발표 순서를 정한다.

- 주사위 두 개를 던져 하나는 가로축, 다른 하나는 세로축 숫자에 해당하는 칸의 질문을 찾는다. 주사위 돌리기에서 5나 6이 나온 경우는 다시 돌린다.

- 해당하는 칸에 있는 질문을 크게 읽고 자신이 생각한 답을 말한다.

- 모둠원의 과반수가 답을 인정해 주면, 질문에 부여된 점수를 얻고 자신이 답한 질문을 가져간다. 이후 다음 친구의 차례로 넘어간다.

- 질문에 답하기 어렵거나 답을 모르면, '통과'를 외치고 해당 질문을 원래의 칸에 되돌려 놓은 뒤 다음 친구에게 차례를 넘긴다.

- 해당 칸의 질문을 이미 다른 모둠원이 가져갔다면, '꽝'을 외치고 다음 친구에게 차례를 넘긴다.

</td>
</tr>
</table>

<table>
<tr>
<td>**4**</td>
<td>**점수 합산하여 순위 매기기**</td>
<td>

- 정해진 시간이 지나거나 주사위 판에 남은 질문이 없다면 게임을 끝낸다.

- 자신이 얻은 점수를 합산하고, 모둠원끼리 순위를 정한다.

</td>
</tr>
</table>

■ 고등학교 2학년 토론 동아리 학생들에게 '질문을 중요도에 따라 분류할 수 있다.'라는 학습 목표를 가지고 이 활동을 적용해 보았습니다. 김진석의 「동물의 복지를 생각한다」를 읽고 질문의 중요도에 따라 학생들이 제시한 질문의 예는 다음과 같습니다.

> 글의 내용을 확인하는 질문
> "동물 권리 운동가들의 노력으로 2012년부터 유럽 연합(EU)에서 사라지게 된 것으로, 좁고 밀폐된 공간에서 사료를 끊임없이 주며 닭을 사육하는 닭장을 가리키는 말은 무엇인가?"

> 글의 내용과 관련하여 추론하는 질문
> "글쓴이는 '동물 복지'의 기준을 마련할 때 어떤 점을 고려해야 한다고 보고 있는가?"

> 글의 내용을 비판적으로 성찰하는 질문
> "동물의 복지를 인간이 책임져야 한다는 필자의 주장은 타당한가?"

> 자신의 생각을 바탕으로 의견을 논리적으로 제시해야 하는 질문
> "동물의 권리와 복지를 책임져야 한다는 명분으로 인간이 동물의 생태계에 관여하는 것은 오히려 동물들이 가지고 있는 고유의 생태계를 파괴하는 것이 아닌가?"

■ 학생들은 자신이 만든 질문을 중요도 기준에 따라 분류하고, 게임을 하면서 다른 친구가 만든 질문과 그에 대한 답을 들었습니다. 학생들은 흥미롭게 활동에 임하였으며, 자료를 몰입하여 읽고 중요한 질문을 도출하기 위해 노력하는 모습을 보였습니다. 이 활동을 통해 학생들은 질문의 중요도를 인식하고 자신의 질문 생성 유형을 성찰할 수 있었습니다.

■ **질문의 중요도를 결정하기 어려워할 때** 질문의 중요도를 결정하는 기준을 사전에 자세히 설명해 주어야 합니다. 또한 각 기준에 해당하는 질문의 구체적인 예를 제시하여 학생들이 수월하게 활동에 임할 수 있도록 안내해야 합니다.

■ **질문의 중요도를 결정하는 과정에서 모둠원들의 의견 차이가 있을 때** 모둠원 간에 질문의 중요도를 두고 의견 차이를 보일 때에는 다수의 의견을 따르도록 합니다. 또는 활동을 시작하기 전에 의견 차이가 생겼을 때 이를 조율할 방안을 모둠원끼리 논의하며 결정하도록 할 수도 있습니다.

■ 학생들의 수준이나 주어진 자료에 대한 흥미 등에 따라 질문이 잘 만들어지지 않거나 반대로 너무 많은 질문이 나오기도 합니다. 이 경우에는 주사위 판을 4×4가 아닌, 3×3이나 5×5, 6×6 등으로 가감하여 사용할 수 있습니다.

■ 주사위 판을 큰 전지에 만들어 칠판에 붙이고 모둠 대항 형식으로 진행할 수도 있습니다. 이때에는 중요도에 대한 합의 과정을 전체 토론으로 진행해야 하므로 활동 시간이 더 늘어날 수 있음에 유의하여야 합니다.

"질문으로 주사위 판을 만드는 것을 처음 해 봤어요. 질문을 중요도에 따라 나눌 때 아이들마다 의견이 달라 처음에는 헷갈리기도 했지만, 게임처럼 하다 보니 재미도 있고 '질문이라고 다 같은 질문이 아니구나'라는 생각도 들었어요."

보석맵으로 질문 나누기

자료를 잘 읽는다는 것은 어떤 의미일까요? 자료를 잘 읽기 위해서는 자료의 내용 자체, 자료를 읽는 독자 자신, 자료를 쓴 작가, 자료가 생산되고 이해되는 데 관여하는 맥락을 종합적으로 이해해야 합니다. 그러나 학생들은 자료를 읽을 때 자료에 명시적으로 드러난 사실이나 자료의 부분적인 의미만을 이해하고 넘어가는 경우가 적지 않습니다. 자료를 독자인 '나'와 연결하고 '글쓴이'와 연결하고 자료가 쓰인 다양한 '맥락'과 연결 짓기 위해서는, 자료 읽기와 관련된 이러한 요소들에 대해 질문하고 답하며 읽는 것이 필요합니다. '보석맵으로 질문 나누기' 활동은 질문을 체계적으로 할 수 있도록 자료의 분석 범주를 4개로 나눈 틀을 제공하고, 모둠원 전체가 돌아가며 각 범주에 대한 질문을 하는 활동입니다. 학생들은 이 활동을 통해 질문을 공유하고 상호 평가하는 기회를 자연스럽게 가질 수 있습니다.

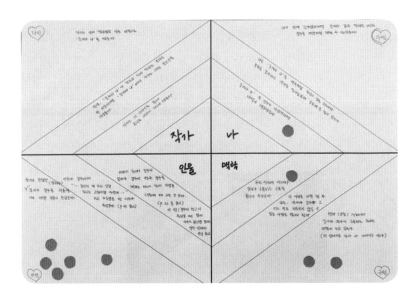

1 모둠별로 자료 읽기

- 제시된 자료를 꼼꼼하게 읽는다.

   예 김중미의 소설 「조커와 나」

- 모둠원들과 자료의 내용이나 이에 대한 의견을 자유롭게 나눈다.

2 보석맵의 첫 번째 칸에 질문 범주 쓰기

- 질문이 가능한 범주에 '나(독자), 작가(글쓴이), 자료, 맥락(상황)'이 있음을 이해한다.

> **질문 범주**
>
> [나] 글의 내용과 나의 경험 등을 연관 짓는 질문
>
> [작가] 글과 작가의 상황, 생애 등과 연관 짓는 질문
>
> [자료] 글의 내용 자체에 대한 질문
>
> [맥락] 글과 글이 쓰인 당시의 사회적 배경 등을 연결하는 질문

- 보석맵의 첫 번째 칸에 4개의 질문 범주를 적는다.

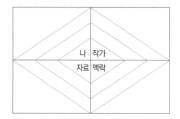

3 보석맵의 두 번째 칸부터 질문으로 채워 넣기

- 보석맵의 두 번째 칸부터 시작하여, 4명의 모둠원이 보석맵을 돌려 가며 각 범주에 들어갈 질문을 1개씩 쓴다.

   예 [나] "만약 내 주변에 장애를 가진 친구가 있다면 나는 어떻게 행동했을까?"

   [작가] "이 소설이 작가의 실제 체험을 바탕으로 했다면, 「조커와 나」에서 작가는 어떤 인물에 가까웠을까?"

   [자료] "'정우'에게 친구 '선규'는 어떤 존재였을까?"

   [맥락] "이 사회가 사회적 약자를 우대하고 있다면 왜 약자와 관련된 사건 사고들이 아직도 많이 일어나고 있는 것일까?"

4 보석맵
감상하기

- 모둠별로 완성한 보석맵을 칠판에 붙인다.

- 모둠별로 돌아가면서 다른 모둠의 보석맵을 감상한다.

- 평가 기준에 따라 각자 다른 모둠의 보석맵 질문들을 평가해 보고,
  질문 옆에 평가 기준을 충족한 개수만큼 빨간 스티커를 붙인다.

평가 기준

① 질문 범주(나, 작가, 자료, 맥락)에 맞는 질문인가?

② 질문의 내용이 참신한가?

③ 질문의 내용이 자료와 잘 연결되어 있는가?

- 빨간 스티커가 가장 많이 붙은 질문을 선정하여 격려한다.

■ 고등학교 1학년 독서 시간에 '소설의 내용을 다양한 관점으로 감상할 수 있다.'라는 학습 목표를 가지고 이 활동을 적용해 보았습니다. 장애인 친구 '정우'의 도우미를 맡은 중학생 '선규'와 '정우'를 괴롭히는 '조커'의 이야기를 담은 김중미의 소설 「조커와 나」를 읽은 후, 모둠원들끼리 자유롭게 감상을 공유하고 그 내용을 바탕으로 기준에 따라 질문을 만들도록 하였습니다. 모둠별로 하나의 보석맵을 완성하는 과정이기 때문에 학생들은 협력하며 활동을 진행하였습니다. 학생들은 보석맵에 4개의 범주에 대한 질문을 적으면서 학습에 주도적으로 참여하였습니다. 또한 다른 학생이 만든 질문을 참고하기도 하면서 질문에 대한 배움을 확장하는 모습을 보여 주었습니다.

나
"내가 소설 속 '선규'라면 어떻게 행동했을까?"
"내가 '석이'처럼 가정 폭력을 당하면서 자랐다면 어땠을까?"
"나는 내 주변의 사회적 약자를 어떻게 인식하고 있는가?"
"만약 내 주변에 장애를 가진 친구가 있다면 나는 어떻게 행동했을까?"

작가
"작가가 이 소설을 쓰게 된 계기가 무엇이었을까?"
"작가는 왜 청소년을 주인공으로 하는 소설들을 썼을까?"
"작가가 소설의 제목을 '조커와 나'라고 한 의도가 뭘까?"
"이 소설이 작가의 실제 체험을 바탕으로 했다면, 「조커와 나」에서 작가는 어떤 인물에 가까웠을까?"

작품
"'정우'에게 친구 '선규'는 어떤 존재였을까?"
"'수진'이는 왜 극단적인 죽음을 선택했을까?"
"'정우'는 자신이 쓴 소설이 사람들에게 알려지기를 원했을까?"
"한때 친했던 '조커'가 '정우'를 괴롭혔을 때 기분이 어땠을까?"

맥락

"이 사회는 약자를 배려하는 사회일까?"

"우리 사회에서 약자와 강자를 구분하는 기준은 무엇일까?"

"학교 폭력이 끊임없이 일어나는 근본적인 이유는 무엇일까?"

"이 사회가 사회적 약자를 우대하고 있다면 왜 약자와 관련된 사건 사고들이 아직도 많이 일어나고 있는 것일까?"

이럴 때는 이렇게

■ 보석맵의 각 범주를 이해하지 못할 때 각 범주가 의미하는 것이 무엇인지 보다 상세하게 설명하고, 각 범주에 알맞은 질문의 사례를 제시해 줍니다.

■ 보석맵의 각 범주를 학생들이 바꾸고 싶어할 때 보석맵 활동이 익숙해지고 질문 만들기가 수월하게 진행되다 보면, '나, 작가, 자료, 맥락'이라는 범주를 다른 범주로 바꾸고 싶어 할 수 있습니다. 이럴 때는 모둠별로 범주 내용을 얼마든지 변경할 수 있도록 하고, 이를 더욱 격려해 주면 좋습니다. 선생님이 범주를 제시하는 것보다 학생들이 스스로 질문 범주를 만들고 이에 대한 답을 찾아가는 것이 훨씬 자기 주도적인 학습 과정이기 때문입니다.

이렇게도 할 수 있어요

■ 보석맵 대신 육각형 모양의 활동지를 이용하여 질문 만들기를 실시해도 됩니다. 이 경우 육각형의 색깔을 범주별로 다르게 하면 질문을 시각적으로 분류하여 정리할 수 있습니다. 또한 질문의 범주를 먼저 정하고 질문을 만들 수도 있고, 학생들이 자유롭게 만든 질문들을 모아 범주를 찾게 할 수도 있습니다. 후자의 경우는 보석맵보다 재배열이 쉬운 육각형 모양의 활동지를 사용하는 것이 더 좋습니다.

질문-대답 숨바꼭질

학생들은 자신이 읽고 있는 자료에서 얼마나 다양한 질문이 도출될 수 있는지 잘 모를 때가 많습니다. 또 주어진 질문에 대한 대답은 잘하지만, 질문을 만드는 것은 어려워하기도 합니다. '질문-대답 숨바꼭질'은 대답이 먼저 제시된 활동지를 받고 그 대답에 합당한 질문을 찾는 활동입니다. 학생들은 질문을 역으로 유추해 보는 과정을 통해 질문과 답의 관계를 자연스럽게 알 수 있습니다. 또한 학생들은 주어진 대답에 적합한 질문을 찾으면서 질문에 익숙해지고, 질문이 다양한 차원에서 도출될 수 있다는 점을 파악할 수 있게 됩니다.

1 제시된
자료 읽기

- 제시된 자료를 읽는다.

  예 울리케 벨커의 『젊은이를 위한 마틴 루터 킹』

2 대답을 읽으며
질문 추론하기

- 질문 칸은 비어 있고 대답 칸만 채워져 있는 활동지를 읽으며 해당
대답이 나올 수 있는 질문을 추론하여 질문 칸에 써 본다.

  예 [대답]　　　흑인과 백인이 버스를 탈 때 인종 차별을 받지 않아야 한다는 것
  [추론한 질문] "흑인들이 버스 보이콧 운동을 통해서 주장하려고 한 것은
  무엇이었을까?"

3 질문
비교하기

- 각자 쓴 활동지를 짝 또는 모둠원들과 바꿔 읽으면서 자신이 작성한
질문과 비교해 본다.

4 질문–대답 조합
완성하고
발표하기

- 같은 대답에 대해 서로 다른 질문을 쓴
경우, 함께 토의하여 질문 중 하나를
선정하거나 질문을 수정하여 활동지에
적는다.

- '질문–대답'의 조합을 완성해서
발표한다.

5 선생님의
질문과 비교하고
질문–대답 관계
생각해보기

- 짝 또는 모둠과 함께 완성한 질문을 선생님께서 제시하신 원래
질문과 비교해 본다.

- 질문과 답의 관계에 대해 생각해 본다.

■ 고등학교 1학년 진로 시간에 '자신의 삶에 영향을 준 인물을 소개하는 글을 읽고 인물의 생애를 분석하고 정리할 수 있다.'라는 학습 목표를 가지고 이 활동을 적용해 보았습니다. 자료로는 인종 차별에 저항하며 흑인 인권 운동에 앞장섰던 마틴 루터 킹의 일대기를 다룬 울리케 벨커(Ulrike Welker)의 『젊은이를 위한 마틴 루터 킹』을 선정하였습니다. 학생들은 자료를 꼼꼼하게 읽었고, 대답 칸만 채워진 학습지를 읽으며 질문을 찾아 나갔습니다. 다음은 학습지에서 제시한 대답과 그에 대한 질문입니다.

대답	질문
마틴의 가문이 독일의 종교 개혁자 마르틴 루터를 존경하였기 때문이다.	가족들이 루터라는 이름을 사용한 이유는 무엇인가?
스스로를 부르는 호칭을 '검은 사람들'이라고 바꾸었다.	흑인들이 스스로 니그로로 부르다가 '검은 사람들'이라고 부르게 된 이유는?
1863년, 에이브러햄 링컨	노예 제도는 언제, 누구에 의해서 비로소 철폐되었는가?
인간 사회의 구조를 탐구하는 학문인 사회학을 선택하였다.	마틴은 15살에 모어하우스 대학에 입학하여 어떤 전공을 선택하였는가?
인도의 마하트마 간디	인권을 위한 마틴의 투쟁에 큰 영향을 끼친 사람으로, 비폭력 저항 운동을 주창한 사람은 누구인가?
마틴은 자신이 대학보다는 미국 남부에서 쓰임 받을 사람이라고 생각해서	마틴은 대학에서의 교수직 제안과 미국 북부 교회로부터의 목사 초빙을 왜 거절했는가?
흑인과 백인이 버스를 탈 때 인종 차별을 받지 않아야 한다는 것을 주장하기 위해서	흑인들이 버스 보이콧 운동을 통해서 주장하려고 한 것은 무엇이었을까?
인종 차별을 철폐하기 위해서 노력한 그동안의 수고가 헛되지 않았음에 기뻐하고 흑인들이 백인들과 동등하게 버스를 이용할 수 있음에 감사했을 것이다.	미국 대법원에서 버스 안 인종 분리에 관해 앨라배마의 법률이 미국 헌법에 위배된다는 판결이 나왔을 때 마틴의 심정이 어떠했을까?
남편의 하는 일을 지지하고 열심히 도왔을 것이다.	내가 마틴의 아내 코레타였다면, 마틴의 저항 운동을 어떤 심정으로 지켜보았을까?

마틴의 보석금을 대신 내주는 등 흑인들의 편에 서서 흑인들의 지지를 얻었다.	존 F. 케네디 대통령은 어떻게 흑인들의 지지를 얻고 대통령에 당선되었는가?
살해 협박까지 받으면 저항 운동을 주저했을 것 같다.	만일 내가 마틴이라면, 살해 협박과 온갖 고난을 겪으면서까지 흑인들을 위한 저항 운동을 펼칠 수 있었을까?
기쁘기도 했지만 그에게 짊어진 책임감을 느끼고 마음이 무거웠을 것 같기도 하다.	마틴이 노벨 평화상을 받았을 때 기분은 어땠을까?
한 평생을 흑인들의 인권을 위해 노력했고, 온갖 시련을 극복하면서 흑인과 백인이 평화롭게 공존하는 세상을 꿈꾼 사람이었기 때문에	저자는 왜 마틴을 '자유와 평화를 꿈꾼 용감한 인권 운동가'라고 했을까?

■ 학생들은 대답에 적합한 질문을 찾기 위해 읽은 내용을 회상하면서 질문을 유추하였습니다. 이 과정에서 자료의 내용을 보다 자세히 살펴보고 다시 생각해 봄으로써 인물의 생애를 체계적으로 정리할 수 있었고, 질문과 대답이 어떻게 연결되는지를 자연스럽게 인식하게 되었습니다.

이럴 때는 이렇게

■ **학생들이 대답에 대한 질문 찾기를 어려워할 때** 이 경우 짝 토론을 실시하여 협력적으로 질문을 찾게 할 수 있습니다. 만약 짝 토론에서도 질문을 찾기 어려워한다면, 책에서 그 내용이 나와 있는 페이지 범위를 힌트로 제공하여 좀 더 쉽게 찾을 수 있도록 도와줍니다.

■ **학생들이 대답에 대한 질문을 빨리 찾았을 때** 학생들이 대답에 대한 질문을 빨리 찾았다면 라파엘 태피(Raphael Taffy)의 '질문-대답 관계 모형(Question-Answer Relationship: QAR)'의 질문 틀을 활용하여 추가 활동을 진행할 수 있습니다. 학생들이 만든 각각의 질문-대답이 라파엘의 '질문-대답 관계 모형'에서 몇 단계에 해당하는지 찾아보도록 합니다. 또한 이미 만든 질문-대답 외에 각 단계에 넣을 수 있는 질문을 학생들에게 추가적으로 만들게 할 수도 있습니다.

[참고 자료] 라파엘의 '질문-대답 관계 모형'

단계	질문	예시
1단계	'바로 거기에' 질문 : 텍스트 안에서 확인할 수 있는 사실적 질문 만들기	"~는 무엇일까?"
2단계	'생각하고 탐색하기' 질문 : 텍스트 안에서 추리할 수 있는 상상적 질문 만들기	"~는 왜 그럴까?" "~는 과연 그럴까?"
3단계	'저자와 나 사이의' 질문 : 저자에 대한 질문 만들기	"~을 왜 …라고 했을까?"
4단계	'나 자신에게' 질문 : 나에게서 질문 만들기	"나라면 ~는 어떻게 했을까?" "~에 대해서 나라면 어떻게 느꼈을까?"

출처: Raphael, T. E.(1986), Teaching Question Answer Relationship, Revisited, The Reading Teacher, 39(6), 515-523.

이렇게도 할 수 있어요

■ 카드 뒤집기 놀이를 활용하여 활동을 진행할 수 있습니다. 질문 카드 10장과 대답 카드 10장을 각각 만든 뒤, 질문 카드는 모두 펼쳐 놓고, 대답 카드는 모두 뒤집어 놓습니다. 모둠원 4명이 순서를 정하여 대답 카드 한 장을 뽑아 읽은 후에 펼쳐진 질문 카드 중에서 자신이 뽑은 대답 카드와 짝을 이루는 질문 카드를 뽑습니다. 질문과 대답을 적절하게 조합한 경우에 점수를 얻게 되며, 틀렸을 때는 뽑은 대답 카드를 다시 뒤집어 놓습니다.

질문-대답 숨바꼭질

학년   반   번 이름:

● **다음 대답을 보고 적절한 질문을 작성해 봅시다.**

대답	질문

Part 4

질문으로 공부하기

01

질문으로 토론하기

- 우리는 끝장 토론 방청객이다!
- 이 질문에는 "예"나 "아니요"로만
  대답하십시오

우리는 끝장 토론 방청객이다!

요즘 토론 프로그램에서는 방청객들에게 질문 시간을 배정하는 경우가 많습니다. 토론을 함께 만들어 가는 역할로서의 방청객이 중요해지고 있기 때문입니다. 그런 점에서 방청객들이 토론자에게 질문하는 것은 토론자에게도 좋은 피드백이 될 수 있습니다. 그러나 토론을 보면서 양질의 질문을 하는 것은 매우 어려운 일입니다. 토론의 흐름을 정확하게 따라가는 한편, 토론자의 논리적 허점을 짚어 낼 수 있어야 하기 때문입니다. 그런 의미에서 좋은 질문을 만드는 능력은 토론을 잘하기 위한 선결 조건입니다. '우리는 끝장 토론 방청객이다!'는 '저자에게 물어봐' 활동(▶ 69쪽)에서 학생들이 기자가 되어 저자에게 적극적으로 질문해 본 것처럼, 학생들이 방청객으로서 토론에 참여하고 토론자에게 질문을 해 보는 활동입니다. 이 활동은 토론의 과정이나 절차를 학습하는 것보다 토론 상황에서 유용한 질문 만들기를 연습하는 것에 초점이 맞춰져 있습니다.

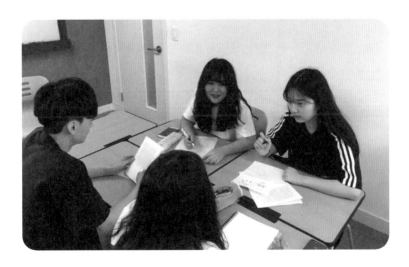

1 **토론 주제 정하기**

• 사회적으로 화제가 되고 있는 사안이나 학생들이 관심 있어 하는 내용을 바탕으로 토론 주제를 정한다.

> 예 동물원 폐지 관련 논란
>
> 노약자 폭염 피해 대책
>
> 학교 두발·복장 자율화

2 **토론에서의 역할 정하기**

• 대표로 토론할 토론자를 찬성 측과 반대 측 각각 같은 수로 선발하고 나머지 학생들은 방청객의 역할을 맡는다. 찬성과 반대는 미리 정할 수도 있고 토론 당일에 제비뽑기 등으로 정할 수도 있다.

• 나머지 학생들 중 토론을 진행할 사회자를 선발한다.

3 **토론 주제 관련 자료 읽기**

• 토론자와 방청객 모두 토론 주제에 대한 자료를 미리 찾아 읽어 온다.

> 예 관련 뉴스를 검색하여 읽기
>
> 관련 서적이나 논문을 찾아 읽기

4 **토론을 준비하며 질문 만들기**

• 찬성 측과 반대 측 토론자는 각각 입론, 반론 등을 준비한다.

• 방청객은 조사한 자료를 읽으면서 사안에 대해 토론자에게 할 질문을 만들고, 이를 붙임쪽지에 적어 자신이 조사한 자료에 붙여 놓는다.

5 **토론을 진행하며 질문 만들기**

• 찬반으로 나누어 토론을 진행한다.

• 토론자와 방청객 모두 토론 내용을 집중해서 듣고, 중요한 내용은 메모한다.

• 토론자와 방청객 모두 토론자의 발언을 들으면서 그때그때 떠오르는 질문을 만들어 적어 둔다.

> 예 "찬성 측에서 예로 든 통계 자료는 어디에서 발표한 것일까?"
>
> "반대 측에서 내놓은 대안은 과연 실현 가능한 것일까?"
>
> "찬성 측이 주장하는 것과 유사한 외국의 사례가 있을까?"

6 방청객, 질문으로 토론 참여하기	• 사회자는 토론을 진행하는 과정에서 방청객에게 질문할 기회를 준다.
	• 방청객은 **4** 단계와 **5** 단계에서 만들었던 질문을 토론자에게 한다.
	• 토론자는 방청객의 질문에 대답하고, 방청객은 필요할 경우 토론자의 대답에 대한 추가 질문을 한다.
7 토론 판정하고 인상적인 방청객 선발하기	• 방청객은 찬성 측과 반대 측 가운데 어느 쪽 의견이 더 설득력 있었는지 판정하고, 그 이유를 설명한다.
	• 토론자는 방청객의 질문 중에서 난감했던 질문, 날카로운 질문, 미처 생각하지 못했던 질문, 주제에 대해 깊이 생각하게 한 질문 등을 뽑고, 인상적인 방청객 한 명을 선정한다.
	• 방청객과 토론자 모두 주고받은 질문들에 대해 이야기 나눈다. 질문을 생각해 내거나 질문에 대답할 때 무엇을 고민했는지, 상대의 답변을 듣고는 어떤 생각을 했는지, 토론 전과 후에 의견이 달라진 부분이 있는지 등에 대해 자유롭게 이야기한다.

■ '질문을 통해 토론에 적극적으로 참여할 수 있다.'라는 학습 목표를 가지고 고등학교 3학년 국어 시간에 이 활동을 적용해 보았습니다. 토론을 할 때 방청객들은 그저 참관만 하는 구경꾼에 그치는 경우가 많습니다. 이 활동에서는 방청객도 질문을 함으로써 토론의 참여자로서 중요한 역할을 담당할 수 있다는 것을 깨달을 수 있도록 하였습니다. 그리고 이러한 참여가 토론을 더 풍성하게 만든다는 것을 체감하게 하였습니다.

■ 학생들은 '동물원을 폐지해야 한다.'라는 주제를 가지고 토론을 진행했습니다. 먼저 찬성과 반대 측의 대표 토론자를 선정하고 각각의 발언 순서 및 시간을 배정한 다음, 나머지 학생들은 방청객으로 참여하도록 하였습니다. 이후, 각자 동물원에 갔던 경험뿐 아니라 관련 통계 자료나 언론 보도 등을 미리 검토해 보고 토론에 참여하도록 안내하였습니다. 동물원 폐지는 학생들에게 익숙한 소재이기에 다양한 의견을 도출할 수 있었습니다. 필요에 따라 선생님이 개입하거나 사회자를 두어 발언 시간 등을 조정하였습니다.

■ 이 활동은 토론 주제에 대해 상반된 관점에서 의견을 나누는 과정을 지켜보면서 그때그때 떠오르는 질문을 만드는 것에 초점을 두고 진행하였습니다. 이를 통해 학생들은 좋은 질문을 만들기 위해서는 토론 주제와 관련된 내용을 잘 알고 있어야 하며, 토론이 진행될 때 참가자의 이야기를 경청하고 숙고해야 한다는 것을 알 수 있었습니다. 다음은 토론 과정에서 학생들이 만든 질문입니다.

> 찬성 측 토론자
> "동물원에서 사람들이 배울 수 있는 것이 무엇이라고 생각하나요?"
> "'동물권'에 대해 알고 계시나요?"
> "현재 동물이 받은 스트레스로 생겨나는 문제를 동물원 폐지 말고 어떤 방법으로 해결할 수 있다고 생각하시나요?"

> 반대 측 토론자
> "모든 동물이 자연에서 살아갈 경우, 멸종될 수 있는 동물이 무엇인지 아시나요?"

"동물원에 가 보신 적이 있나요?"

"호랑이, 곰, 사자 등을 실제로 본 적이 있나요? 동물원이 아니라면 우리가 자연스럽게 이 동물들을 볼 수 있을까요?"

방청객

"동물원의 동물처럼 누군가에게 구경거리가 되어 본 적이 있나요?"

"야생 동물들의 '행복'은 무엇이라고 생각하나요?"

"멸종이 어떤 의미인지 알고 계시나요?"

"죽음과 자유 중에 골라야 한다면 더 중요한 것은 무엇일까요?"

이럴 때는 이렇게

■ **토론 형식에 얽매여 질문을 제대로 만들지 못할 때** 토론의 형식을 엄격하게 지키는 것보다 토론에 참여하기 위한 질문 만들기가 더 중요하다는 것을 학생들에게 미리 숙지시키는 것이 좋습니다. 마찬가지로 사회자의 역할도 토론 절차에 맞게 참가자를 통제하는 것이 아니라, 찬반이 고루 의견을 교환할 수 있도록 조정하는 것임을 안내합니다. 가능하면 토론 전이나, 토론 과정에서 질문을 만드는 시간을 충분히 주고 토론에 참여하도록 하는 것이 좋습니다.

■ **토론 관련 자료를 미리 읽어 오지 않았을 때** 사전에 주제를 공지하고 관련 자료를 검토해 오라고 해도, 학생들이 자료를 찾는 데 어려움을 겪거나 편향적인 자료만 읽어 올 수 있습니다. 이 경우 학생들이 토론에 잘 참여할 수 있도록 토론 전에 주제에 대해 간단하게 설명해 줄 수도 있습니다. 토론 주제에 관해 정리된 뉴스 영상이 있다면 함께 시청하는 것도 좋습니다.

■ **토론 과정에서 질문을 잘 만들지 못할 때** 상대의 말을 듣고 곧바로 질문을 만드는 것은 고차원적인 인지 능력이 필요하기 때문에 학생들이 이를 많이 어려워할 수 있습니다. 이때는 질문을 재촉하기보다 다른 친구들이 질문하는 과정을 지켜보고 그 내용을 메모해 보게 하는 것이 도움이 됩니다. 그러고 나서 메모를 바탕으로 추가 질문을 만드는 시간을 별도로 줄 수 있습니다.

■ 방청객으로 토론에 참여하는 연습을 집중적으로 하고 싶다면, TV 토론 프로그램을 활용할 수 있습니다. 다만 이 경우 토론자의 답변을 직접 얻을 수 없으므로, 학생들이 토론자에게 할 질문을 만든 뒤 답변을 조사하고 작성하는 과정을 추가로 수행합니다. 교사가 토론 참여자의 대변인 역할을 맡아 학생들의 질문에 답해 줄 수도 있습니다.

■ 학생들이 토론에 익숙하다면, 절차를 갖춘 토론 형식(CEDA 토론, 의회식 토론, 칼 포퍼 토론 등)으로 활동을 진행해도 됩니다. 물론 토론에서의 질문은 토론 형식에 적합한 전략을 학습하는 데 도움이 됩니다. 하지만 이 활동은 관련 화제에 대해 편하게 이야기를 나눌 수 있도록 분위기를 조성해 주는 것이 더 중요합니다.

■ 북 콘서트나 TV 토크쇼에서 방청객에게 질문을 받는 방식을 응용할 수도 있습니다. 방청객 역할을 하는 학생들은 토론 진행 중에 질문을 만들어 붙임쪽지에 적어 두고, 토론이 끝난 후에 사회자가 붙임쪽지를 수합하여 칠판에 붙입니다. 그러면 토론자는 원하는 질문에 대답을 합니다. 상황에 따라 사회자가 질문을 고를 수도 있습니다.

"토론 프로그램을 보고 질문하는 사람들이 대단해 보였었는데, 나도 이 주제에 대해 공부하고 고민하면 충분히 좋은 질문을 만들 수 있다는 생각이 들어 좋았습니다."

"토론 프로그램을 보면서 논리력을 키우고 싶다는 생각을 했지만, 막상 볼 때는 재미없어서 중간에 그만두거나 졸거나 했었거든요. 그런데 토론을 보면서 이렇게 적극적으로 질문을 만들어 보니 꽤 재밌더라고요. 다음부터는 토론 프로그램을 볼 때 이렇게 해 보려고요."

▼ 질문으로 토론하기

이 질문에는 "예"나 "아니요"로만 대답하십시오

CEDA 토론은 현장에서 교육 토론의 유형으로 자주 활용되고 있습니다. CEDA 토론의 가장 주요한 특징은 '예/아니요' 또는 단답식으로 대답해야 하는 '교차 질문' 시간이 각 토론자의 입론 이후에 배치되어 있다는 것입니다. CEDA 토론의 교차 질문은 찬반 토론의 연장선에서 제한 시간 동안 진행해야 하는 강력한 토론 전략입니다. 그래서 이를 위한 숙의 시간이 주어지기도 합니다. '이 질문에는 "예"나 "아니요"로만 대답하십시오'는 '닫힌 질문과 열린 질문' 활동(▶ 76쪽)을 활용하여 '예/아니요'로 대답하는 교차 질문을 만들어 보고, 이를 평가해 보는 활동입니다. 이 활동을 통해 학생들은 상대방의 의견을 경청하면서 논점을 파악하는 동시에 반론의 지점을 찾는 연습을 할 수 있습니다.

1 CEDA 토론
이해하기

• CEDA 토론의 개념과 절차를 숙지한다.

> CEDA 토론의 개념
>
> CEDA 토론은 총 4명(찬성팀 2명, 반대팀 2명)의 토론자가 정해진
> 순서대로 제한된 시간에 따라 발언하는 토론 방식이다.
>
> CEDA 토론의 절차
> 찬성팀 첫 번째 토론자의 입론   (6분)
>   (숙의 시간)
> 반대팀 두 번째 토론자의 교차 질문   (3분)
> 반대팀 첫 번째 토론자의 입론   (6분)
>   (숙의 시간)
> 찬성팀 첫 번째 토론자의 교차 질문   (3분)
> 찬성팀 두 번째 토론자의 입론   (6분)
>   (숙의 시간)
> 반대팀 첫 번째 토론자의 교차 질문   (3분)
> 반대팀 두 번째 토론자의 입론   (6분)
>   (숙의 시간)
> 찬성팀 두 번째 토론자의 교차 질문   (3분)
> 반대팀 첫 번째 토론자의 반론   (4분)
> 찬성팀 첫 번째 토론자의 반론   (4분)
> 반대팀 두 번째 토론자의 반론   (4분)
> 찬성팀 두 번째 토론자의 반론   (4분)
> * 입론 후 숙의 시간은 수업 상황에 맞게 조정한다.

2 교차 질문
배우고 연습하기

• 교차 질문의 특징을 이해한다.

> 교차 질문의 특징
> - 교차 질문은 상대편이 입론한 내용을 확인하기 위한 질문이다.
>   따라서 자신의 주장을 보충하거나 새로운 주장을 제기하는 발언을
>   해서는 안 된다.
> - 교차 질문은 '예/아니요' 또는 단답형으로 대답할 수 있는 질문이어야
>   하고, 질문을 받은 토론자도 이러한 형식으로 대답해야 한다.

• 선생님께서 나눠 주신 입론의 예시를 읽고, 각자 교차 질문을 만드는
연습을 해 본다.

3	CEDA 토론 준비하기	• 6명씩 모둠을 구성한다.

3 CEDA 토론 준비하기

- 6명씩 모둠을 구성한다.

- 모둠별로 찬성팀 토론자 2명, 반대팀 토론자 2명, 심사자 2명을 정한다.

- 토론 주제를 확인한다.
  - 예 젓가락은 컴퓨터보다 행복하다.
    「흥부전」의 놀부는 「백설공주」의 새엄마보다 악하다.

- 찬성팀과 반대팀은 각각 입론을 준비한다.

4 CEDA 토론 진행하기

- 찬성팀 첫번째 토론자가 입론을 시작한다.

- 입론이 끝나면 숙의 시간을 가진다. 반대팀은 규칙에 맞게 교차 질문을 만들고, 찬성팀은 예상 질문에 대비한다. 이때에는 팀별로 의논할 수 있다.

- 숙의 시간이 끝나면 반대팀 두 번째 토론자가 교차 질문을 시작한다. 정해진 시간 안에 반대팀은 질문을 하고 찬성팀은 답변한다. 이어질 반론을 준비하기 위해 질문과 답변을 메모하고, 필요하다면 녹음해 둔다.

- 교차 질문 시간이 끝나면, 토론 절차에 따라 다음 사람(반대팀 두 번째 토론자)이 입론을 시작한다. 4명의 토론자가 모두 '입론-숙의 시간-교차 질문'을 거치고 나면 각 팀은 절차의 순서에 맞게 상대팀의 입론에 대해 반론을 제시한다.

5 교차 질문 나누기

- 토론이 끝나면 토론자와 심사자들은 팀별로 각 교차 질문의 평점을 매겨 본다. 잘 만든 질문은 어떤 점이 그러한지, 수정해야 할 질문은 어떻게 수정하면 좋을지 팀원들과 이야기를 나눠 본다.

- 토론 결과를 정리하고 자신의 질문을 평가해 본다.

6 입장 바꿔 다시 토론하기

- 토론 팀을 바꾸어서 다시 토론을 진행하되, 앞 단계에서 지적된 문제들을 개선하는 방향으로 교차 질문을 만든다.

- 토론이 끝나면 **5** 단계와 같이 교차 질문을 평가해 본다.

■ 이 활동은 '논리적인 질문을 형식에 맞게 만들 수 있다.'라는 학습 목표에 따라 고등학교 1학년 국어 시간에 진행되었습니다. 이 활동에 활용된 CEDA 토론은 세계적으로 널리 알려진 교육 토론 형식으로, 토론 과정에 교차 질문이 포함되어 있다는 특징이 있습니다. 교차 질문에서 질문자는 상대방의 의견을 경청하고 질문으로 상대방 논리의 허점을 지적해야 합니다. 또한 질문에 대한 답변을 듣고 이를 바탕으로 추가 질문을 이어 가면서 자기 팀에 유리한 방향으로 쟁점을 초점화해야 합니다.

■ 토론 주제는 흥미로우면서도 특별한 배경지식이 필요 없는 것으로 선정하였습니다. 각 모둠은 "젓가락은 컴퓨터보다 행복하다.", "「흥부전」의 놀부는 「백설공주」의 새엄마보다 악하다.", "세 살 버릇은 여든까지 간다."라는 주제를 받았습니다. 이러한 주제들은 상식을 바탕으로 논리를 세울 수 있기 때문에, 학생들이 적극적으로 참여하며 입장에 대한 근거와 질문을 다양하게 만들어 낼 수 있었습니다.

■ 이 활동은 CEDA 토론에 대해 이해하는 것보다 교차 질문을 만드는 것에 초점이 맞춰져 있으므로, 학생들이 질문을 만들 수 있는 시간을 충분히 주었습니다. 이때 '예/아니요'나 단답식으로 답해야 하는 질문을 만들도록 안내하였으며, 토론이 끝난 후 질문을 적절하게 수정하도록 피드백을 주었습니다. 다음은 학생들이 작성한 입론과 교차 질문 사례입니다.

주제: 젓가락은 컴퓨터보다 행복하다.	
입론(찬성 토론자 ①: 김○○)	6분
• 행복은 나를 사랑하고 내가 사랑하는 사람들과 함께 서로 위하며 사는 것이다. • 작은 일이지만 꼭 필요한 일을 하면서 오래오래 자신의 능력을 발휘하는 것도 행복한 삶이라고 생각한다. • 젓가락의 삶이 이와 무척 닮아 있다.	
교차 질문(반대 토론자 ②: 이○○)	3분

- 사랑하는 사람들과 언제나 함께 있나요?
- 사랑하는 사람들과 붙어 있으면서 학교나 직장에 가지 않아도 행복할까요?
- 젓가락이 하는 일은 무엇인가요?
- 젓가락이 하는 일을 포크가 대체할 순 없나요?

입론(반대 토론자 ①: 윤○○)	6분

- 사람에게는 자아실현의 욕구가 있다.
- 사람이 행복하려면 소소한 일보다는 자신의 능력을 발전시키고 그것을 충분히 발휘할 수 있는 일을 하면서 사회에 기여할 수 있어야 한다.
- 컴퓨터가 본체, 키보드, 마우스, 기타 기기들로 이루어진 것처럼, 다양한 사람들과 만나고 소통하면서 지낼 때 진정 행복한 삶이 될 수 있다.
- 최첨단으로 앞서가는 삶을 살 때 얻을 수 있는 즐거움도 행복의 조건이 된다.

교차 질문(찬성 토론자 ①: 김○○)	3분

- '소소한 일'의 예를 간단히 하나 들어주세요.
- 방 청소처럼 소소한 일은 사회에 기여하는 일이 아닌가요?
- 지금 삶에서 가장 사랑하는 사람이 누구인가요?
- 가장 사랑하는 사람과 다양한 많은 사람 중에 만나서 더 행복한 사람은 어느 쪽인가요?

이럴 때는 이렇게

■ **CEDA 토론 방식이 익숙하지 않은 학생들이 많을 때** CEDA 토론을 해보지 못한 학생이 많다면 토론 방식을 숙지할 수 있도록 미리 안내를 하는 것이 좋습니다. CEDA 토론의 개념과 절차가 적힌 별도의 안내지를 학생들에게 배부하거나 칠판에 붙여 두는 것도 도움이 됩니다. CEDA 토론은 사회자 없이 시간에 맞게 말차례를 바꿔 가면서 진행되기 때문에 사전에 순서를 숙지하는 것이 중요합니다. 하지만 이 활동은 토론 절차 학습이 목적이 아니므로, 이를 약간 변형하여 선생님이 사회자 역할을 하여 진행을 도울 수도 있습니다.

■ **교차 질문에서 '예/아니요'로 답하는 질문을 만들기 어려워할 때** 학생들이 교차 질문의 성격을 제대로 이해하지 못했을 때 종종 발생하는 문제입니다. 토론 전에 교차 질문의 특징을 다시 상기시켜 주고, '예/아니요'로 답할 수 있는 질문 만들기를 간단하게 연습해 봅니다. 또는 단답형으로 질문을 이어 가는 활동을 통해 교차 질문을 연습해 볼 수 있습니다.

■ 교차 질문이 CEDA 토론의 핵심이므로, 교차 질문을 집중적으로 연습하는 시간을 별도로 운영할 수 있습니다. 이때에는 수업 전에 토론 주제를 주고 학생들에게 찬반 입장을 정하여 자신의 입장에 맞는 입론을 한 문단 정도 작성해 오도록 안내합니다. 그리고 나서 수업 시간에 상대의 입론을 읽고 이에 대한 교차 질문을 만들도록 합니다.

■ CEDA 토론을 제대로 진행하기 어려운 상황이라면, 토론 활동 대신 교차 질문과 유사한 질문을 만드는 짝 활동을 해 볼 수도 있습니다. 예를 들어, "너는 평소에 혼자 있는 것을 좋아해?", "너는 산과 바다 중에 무엇이 더 좋아?"와 같이 짝에게 궁금한 점을 '예/아니요'나 단답형으로 대답할 수 있는 질문으로 여러 개 만들어 번갈아 주고받도록 합니다. 그러면 어떻게 질문을 만들어야 할지, 꼬리에 꼬리를 물고 대답할 수 있는 질문은 어떤 것인지를 쉽게 이해할 수 있습니다. 질문을 주고받은 이후에는 가장 재미있었던 질문 등을 뽑아 보게 하면 학생들이 흥미롭게 질문의 특성을 이해할 수 있습니다.

"'예/아니요'로 대답하는 질문을 만들어 보는 건 처음 해 보는 것이라 무척 신기했어요. 질문은 길게 대답해야 한다는 생각이 들어 부담스러웠거든요. 이렇게 질문을 만들면서 확인하고자 하는 내용을 명확하고 간단하게 물어볼 수 있다는 생각이 들어 재미있었어요."

CEDA 토론

학년   반   번   이름:

주제	

입론(찬성 토론자 :)	6분
교차 질문(반대 토론자 :)	3분
입론(반대 토론자 :)	6분
교차 질문(찬성 토론자 :)	3분
입론(찬성 토론자 :)	6분
교차 질문(반대 토론자 :)	3분

입론(반대 토론자 :)	6분
교차 질문(찬성 토론자 :)	3분
반론(반대 토론자 :)	4분
반론(찬성 토론자 :)	4분
반론(반대 토론자 :)	4분
반론(찬성 토론자 :)	4분

〈청중 추가 질문〉

나는 이번 토론은 〈찬성 / 반대〉 토론자들이 더 잘했다고 생각합니다.

그 이유는 _____

02

질문으로 역사 공부하기

- 그때, 그들에게, 그런 사건이
  일어났다는데
- 그 사람이 지금, 살아서
  돌아왔다고 합니다

그때, 그들에게, 그런 사건이 일어났다는데

여가로 하는 독서와는 달리, 학습을 위한 독서를 할 때에는 내용을 계속 점검하면서 읽을 필요가 있습니다. 이때 내용에 대한 질문을 만들면서 읽는 것이 매우 좋은 전략이 될 수 있습니다. 특히, 역사적 사건을 다룬 글을 읽을 때에는 사실 확인과 내용 파악에 유의해야 합니다. 구체적으로, 사건이 일어난 정황, 사건의 전개, 사건의 원인과 결과 등을 면밀하게 살펴보아야 합니다. '그때, 그들에게, 그런 사건이 일어났다는데'는 '이번에는 '어떻게'로 질문을 만들어 보시게!' 활동(▶ 57쪽)을 활용하여 역사적 사건을 파악하기 위해 필요한 질문을 만들고 스스로 답을 한 뒤 이를 바탕으로 글을 쓰는 활동입니다. 이러한 활동을 통해 학생들은 역사적 사건을 다양한 측면에서 깊이 있게 이해할 수 있습니다. 또한, 현실에서 마주치는 문제에 대한 해결 능력을 기르는 데에도 도움이 됩니다. 나아가 최근의 사건 사고나 현재 생존해 있는 인물을 파악하는 데 이 활동을 적용하면 다양한 사회 뉴스에 대한 학생들의 이해를 높일 수도 있습니다.

1 **역사책 정하기**
- 모둠별로 역사적 사건이나 장소, 또는 역사적 인물의 생애를 다룬 책을 선정한다.
  - 예 『백범일지』, 『프랑스 혁명사』, 『나의 문화유산 답사기』 등

2 **질문 만들기**
- 선정한 책을 정독한다. 책의 분량이 짧으면 모든 모둠원이 책 전체를 읽고, 책의 분량이 많으면 모둠원이 챕터를 나누어 읽는다.
- 자신이 읽은 부분에서 궁금한 점을 질문으로 만들어 메모한다.

3 **질문 분류하기**
- 각자 만든 질문을 붙임쪽지에 옮겨 적는다.
- 모둠별로 질문을 분류하는 여러 가지 기준을 만든다.
  - 예 사실 확인에 대한 질문 / 의견을 묻는 질문 / 인물에 대한 질문 / 사건에 대한 질문 / 배경(환경)에 대한 질문 / 책에서 찾아 확인할 수 있는 질문 / 다른 자료를 더 찾아봐야 하는 질문
- 기준에 따라 질문 붙임쪽지를 분류한다.

4 **질문에 대답하기**
- 답을 쉽게 확인할 수 있는 질문은 모둠원과 함께 책을 찾아보거나 관련 내용을 검색해서 답해 본다.
  - 예 "임진왜란이 일어난 시기와 그 전개 상황은?"
    "한글 창제에 관여한 인물과 그 역할은?"
- 자신의 의견이나 느낌을 대답해야 하는 질문은 서로 생각하는 답을 공유한다. 의견이 다르다면 그 이유에 대해 생각해 본다.
  - 예 "나라면 유관순 열사처럼 독립운동에 나섰을 것인가?"
    "통일이 된다면 학교에서 가장 먼저 해결해야 할 일은 무엇일까?"

5 **역사 칼럼 쓰고 비교하기**
- 주고받은 질문과 답변을 바탕으로 역사 칼럼을 쓴다.
  - 예 '만약 ~하지 않았다면'이라는 주제로 글을 쓴다.
    특정 사건에 대한 나의 생각을 담은 비평문을 작성한다.
    역사적 인물에 대한 가상 인터뷰를 바탕으로 글을 쓴다.
- 모둠원의 글을 모아 문집으로 엮고, 이를 함께 읽어 본다.
- 동일한 사안에 대해 서로 다른 의견을 제시한 경우가 있다면, 이를 함께 비교해 본다.

■ 이 활동은 '역사적 사건이나 인물에 대한 글을 읽고 이를 탐구하는 질문을 만들 수 있다.'라는 학습 목표에 따라 고등학교 3학년 한국사 시간에 진행하였습니다. 학생들은 관심 있는 역사적 사건으로 '3.1운동'을 선정하고, 모둠별로 관련 책을 정해 정독한 다음 질문을 만들었습니다. 이를 통해 정보를 담은 글을 읽을 때 어떤 질문을 만들 수 있는지 생각해 보고, 직접 실습해 볼 수 있었습니다.

■ 본격적인 활동에 들어가기 전, 간단한 이야기를 들려주고 이에 대한 질문을 만들어 말해 보게 하는 방식으로 질문 만들기를 연습하였습니다. 또한 역사적 사건을 학습하는 것이 아니라 역사책을 읽을 때 던질 수 있는 질문을 아는 것이 활동의 주목적이므로, 학생들이 쉽게 읽을 수 있는 책을 선정하였습니다. 그리고 본인의 편의에 따라 책에 직접 메모하거나 공책에 필기하는 등의 방법을 사용하여 자유롭게 질문을 만들어 보게 하였습니다.

■ 학생들에게 만든 질문을 보기 좋게 붙임쪽지에 옮겨 적은 뒤, 질문을 분류할 수 있는 기준을 만들도록 하였습니다. 학생들은 '사실 확인에 대한 질문'과 '의견을 묻는 질문'으로 기준을 만들었습니다. 다음은 학생들이 기준에 따라 질문을 분류한 사례입니다.

사실 확인에 대한 질문
"3.1 운동의 발단은 무엇인가?"
"3.1 운동은 언제 어디서 일어났는가?"
"3.1 운동의 진행 과정은 어땠는가?"
"3.1 운동의 결과는 무엇인가?"
"3.1 운동에 참여한 인물 중 대표적인 사람은 누가 있는가?"
"3.1 운동이 영향을 주거나 받는 국내외 다른 사회 운동에는 무엇이 있는가?"

의견을 묻는 질문
"3.1 운동을 더 많은 사람들에게 홍보하기 위해 어떤 방법을 쓰는 게 좋았을까?"
"나라면 3.1 운동에 참여했을까? 왜 그렇게 생각하나?"

"유관순 열사가 나의 언니나 누나였다면 어떤 이야기를 해 줄 수 있을까?"

"3.1 운동에 대해 공부하면서 느낀 점은 무엇인가?"

"3.1 운동에 대해 글을 쓴다면 어떤 주제로 쓰고 싶은가?"

이럴 때는 이렇게

▪ **역사적 사건을 너무 잘 알고 있어서 질문을 만들기 힘들어할 때** 학생들이 이미 잘 알고 있는 사건에 관한 책을 읽었을 때는 궁금한 부분이 별로 없어서 질문 만들기를 힘들어할 수 있습니다. 이 경우에는 역사적 사건과 관련하여 특별히 탐구해야 할 인물을 선정하여 그에 대한 질문을 만들어 보도록 합니다. 또는 범위를 확장하여 해당 사건과 비교할 수 있는 다른 시대나 다른 나라의 예를 찾아보고 두 사건의 차이점에 대한 질문을 만드는 활동을 추가로 제시할 수 있습니다.

▪ **칼럼을 쓰기 어려워할 때** 학생들이 칼럼 쓰기에 지나치게 부담을 가진다면, 우선 질문과 답변을 정리하는 글을 가볍게 써 보도록 지도합니다. 그리고 이렇게 작성한 학생들의 글에 대해 선생님이 간단하게 평가 및 피드백을 하여 칼럼을 완성하는 데 도움을 줍니다. 완성된 칼럼을 수합하여 문집으로 묶거나 웹진에 게재하면 학생들은 글쓰기에 보람을 느끼고 자신감도 생길 수 있습니다.

이렇게도 할 수 있어요

▪ 인물의 생애나 특정 사건을 다루고 있는 작품을 대상으로 이 활동을 적용할 수 있습니다. 역사적 사건을 배경으로 한 소설, 드라마, 영화 등은 학생들이 수월하게 접근하여 질문을 만들 수 있는 자료입니다. 그런데 역사적 사실과 허구적 요소가 함께 있는 이러한 작품을 활용할 때에는 작품에 작가의 상상이 포함된다는 것을 상기시켜야 합니다. 그래야 학생들이 사실과 허구를 혼동하지 않을 수 있습니다. 활동 전이나 후에 관련된 역사서를 검토하게 하여, 자신이 본 작품에서 사실과 허구를 구분해 보도록 하는 것도 좋습니다.

■ 역사 칼럼 대신 연대표를 작성할 수도 있습니다. 연대표는 글을 쓰는 것보다 품이 적게 들어가는 작업이므로, 칼럼 쓰기를 부담스러워하는 학생들도 쉽게 접근할 수 있습니다. 이처럼 학생의 성향이나 능력에 따라 결과물을 내는 방식을 다르게 할 수 있습니다. 다만 책을 읽기 전에 미리 결과물의 형식을 정해서 학생들이 자신이 할 활동을 염두에 두고 책을 읽을 수 있도록 해야 합니다. 또한 비교적 수월한 방식을 선택했다면 책에 나와 있지 않은 다른 정보들을 검색해서 결과물에 반영하게 하는 활동을 추가해도 좋습니다.

■ 학교에서 이루어진 다양한 행사(운동회, 소풍, 수련회 등)의 후기를 쓸 때 필요한 질문들을 만들고 분류해 보게 할 수도 있습니다. 이 활동 후에는 칼럼이 아니라 사건을 묘사하는 르포 기사나 스케치 기사, 인물을 집중적으로 탐구하는 인터뷰 기사를 작성하게 할 수 있습니다. 학생들이 쓴 글을 모아 '행사 신문'을 제작하는 것도 좋습니다.

이런 게 좋아요

"내가 만약 기자가 되어서 사건을 취재한다면 어떤 질문을 할 수 있을지 생각해 볼 수 있어서 좋았습니다. 무언가 진실을 파헤치는 느낌이 들었어요. 친구 중 하나는 자신이 탐정이 된 것 같다는 이야기도 해 주었는데, 그 말에도 공감이 되었어요."

그 사람이 지금, 살아서 돌아왔다고 합니다

　　실제 인물에 대한 글은 매우 신중하게 읽어야 합니다. 실제 존재하고 있거나 존재했던 사람이기 때문에 그가 한 일과 하지 않은 일을 정확히 확인하고 당시의 상황을 파악하면서 그의 생각과 의도를 추론할 수 있어야 합니다. 물론 누군가를 완전하게 이해한다는 건 매우 힘든 일이라는 것을 알고 근거없는 예측을 하지 않아야 합니다. '그 사람이 지금, 살아서 돌아왔다고 합니다'는 '나는 우리 반 친구를 읽는다' 활동(▶ 40쪽)에서 연습한 면담 질문의 방법을 활용한 것으로, 한 명의 역사적 인물을 선정하여 그에 대한 다양한 자료를 모아서 읽은 다음, 해당 인물에게 하고 싶은 질문을 만들어 가상 면담을 진행하는 활동입니다. 이를 통해 질문 만들기를 연습하면서 인물을 탐구하는 방법을 학습할 수 있습니다.

1 탐구할 인물 선정하기

- 모둠별로 탐구할 인물을 선정한다. 인물이 잘 떠오르지 않는다면 역사적 사건을 하나 정한 뒤, 사건과 관련된 인물 중 한 명을 선정할 수 있다.
  - 예 윤동주 시인

- 해당 인물을 조사하기 위해 참고할 수 있는 문헌, 예술 작품, 견학 장소 등을 파악하고, 이에 대해 모둠과 함께 검토한다.
  - 예 영화 〈동주〉 또는 뮤지컬 〈윤동주, 별을 쏘다〉 관람
    인물 사전에서 '윤동주' 항목 조사
    윤동주 생애 관련 논문 및 기사 검색
    윤동주 시집 읽기
    윤동주 문학관 방문

2 자료를 바탕으로 질문 만들기

- 1단계에서 검토한 자료를 바탕으로 추가적으로 조사해야 할 자료에는 어떤 것이 있을지 논의하여 모둠원들이 분담한다.

- 각자 분담한 자료를 조사하고, 인물에게 하고 싶은 질문을 만든다.

- 각자 조사한 내용과 만든 질문을 모둠원들과 공유한다.

- 모둠원끼리 논의하여 인물의 생애와 시대 상황, 관련 사건 등을 정리하고, 질문을 수정·보완하여 인물을 면담하기 위한 질문 리스트를 완성한다.

3 인물 면담하기

- 질문할 사람과 질문에 대답할 사람을 정해 면담을 진행한다. 이때 대답하는 사람은 실제 그 인물이 되었다고 생각하고 답을 한다.

- 면담 내용은 별도로 기록한다.

4 면담 내용 정리하여 연대표 만들기

- 면담에서 주고받은 질문과 답변을 검토하고, 이를 시간의 흐름에 따라 정리한다.

- 인물의 연대표를 만들고, 주요 시기마다 시대적 배경, 관련 사건, 인물의 삶 등을 적어 넣는다.

- 모둠별로 연대표를 게시하여 학급 친구들과 공유한다.

■ 이 활동은 '질문을 통해 역사적 인물을 심층적으로 이해할 수 있다.'라는 목표를 가지고 고등학교 3학년 문학 시간에 진행하였습니다. 교과 시간에 학습한 '면담하기' 방법을 활용하여 인물을 탐구하기 위한 질문을 만들고, 이를 통해 인물을 좀 더 다각적으로 깊게 이해해 보는 활동을 하였습니다.

■ 학생들은 우선 시인 윤동주를 다룬 영화 〈동주〉를 함께 관람하였습니다. 이후 각자 분담하여 추가 자료를 조사하였습니다. 이때 학생들에게 인물에 대한 자료를 수집하여 요약·제시하는 것이 아니라, 이 과정에서 다양한 질문을 만들어야 한다는 점을 강조하였습니다. 이후 모둠원이 조사해 온 자료를 공유하면서 자신이 조사한 내용과 상충되는 것은 무엇인지, 추가로 할 수 있는 질문에는 무엇이 있을지를 함께 생각해 보게 하였습니다.

■ 면담 질문을 정리한 뒤, 역할을 나누어 맡아 질문과 대답을 하도록 했습니다. 실제 윤동주 시인과의 면담은 아니지만, 학생들이 실제 시인에게 하고 싶은 질문을 하고 시인의 입장에서 답변을 하면서 역사적 인물에 좀 더 가까이 다가갈 수 있는 시간이 되었습니다. 또한 활동을 마친 후에는 해당 학생의 대답을 검토하면서 내가 윤동주의 역할을 맡았다면 이와 같이 대답했을지 논의하도록 하였습니다. 다음은 학생들이 만든 질문의 예입니다.

> 삶에 대한 질문
> "일제의 식민지 지배에 반대하였음에도 굳이 일본으로 유학을 간 이유는 무엇입니까?"
> "처음부터 적극적으로 독립운동에 나서지 않은 이유는 무엇입니까?"

작품 및 작품 세계에 대한 질문

"당신의 작품에 등장하는 '부끄러움'의 내용은 구체적으로 무엇입니까?"

"시를 쓰는 과정은 대체로 어떠합니까?"

"시의 소재는 어디에서 구합니까?"

"영향을 받았던 시인이나 작가는 누구입니까?"

이럴 때는 이렇게

■ **학생이 감정적으로 반응하여 질문을 잘 만들지 못할 때** 역사적 인물 중에는 순탄하지 않은 삶을 살아온 경우가 많습니다. 특히 윤동주와 같이 비극적으로 삶을 마감한 인물은 조사 과정이나 면담 과정에서 학생들이 인물에 몰입하여 감정적인 반응을 보일 수 있습니다. 이때에는 학생들에게 냉정함을 유지하도록 하고, 지금 하고 있는 활동이 인물에 대한 진실을 더 가까이 알아보기 위한 과정임을 주지시키도록 합니다.

■ **답변자의 대답이 원래 역사적 인물과 거리가 있을 때** 인물에 대한 정보가 많지 않으면 질문에 대답하는 학생이 지나치게 상상력을 발휘하여 답변하기도 합니다. 이러한 활동이 학생들의 흥미를 높일 수도 있지만, 자칫 역사를 왜곡하거나 인물에 대한 오해를 불러올 수도 있습니다. 이러한 경우에는 한 인물에 대한 답변을 여러 명이 맡도록 할 수 있습니다. 예를 들어, 답변자 개인이 아닌 '답변 팀'을 운영하여 이들이 함께 질문에 대한 답변을 하는 것입니다. 또한 활동이 모두 끝나면 반드시 평가를 하고 답변 내용을 검토하는 과정을 거치도록 합니다. 이 과정에서 교사가 적극적으로 개입하여 학생들이 잘못 생각하고 있는 역사적 사실에 대해 올바르게 알려 주는 것도 좋습니다.

이렇게도 할 수 있어요

■ 이 활동은 면담을 할 수 있다면 누구든 대상으로 삼을 수 있으므로 문학 작품이나 영화, 연극의 인물을 탐구할 수도 있습니다. 혹은 탐구할 인물 외에 그 인물과 관련된 사람을 면담 대상으로 설정해도 좋습니다. 예컨대, 윤동주의 경우

라면 윤동주의 동생이나 친구를 가정하는 것입니다.

■ 연대표에 넣지 못한 내용들이 많다면, 모둠별로 역사 인물 신문을 만들어 보게 할 수도 있습니다. 모둠에서 논의하여 짧은 가상 인터뷰 기사, 인물과 관련된 사건에 대한 해설 기사, 인물에 대한 의견을 적은 칼럼 등을 기획하고 각자 작성하는 것입니다. 신문 내용을 만든 뒤에는 해당 인물을 가장 잘 드러낼 수 있는 제목을 정하여 완성하고, 학급 게시판에 게시하여 학급 친구들과 공유하도록 합니다.

■ 하나의 역사적 사건을 설정하고 이에 대해 조사하고 논의하며 질문을 만들게 할 수 있습니다. 이 경우에는 인물 면담이 어려우므로 해당 사건을 영화나 드라마로 만든다면 어떤 배우를 섭외할지 의견을 나눠 봐도 좋습니다. 각자 나만의 캐스팅 보드를 완성하고 모둠원들에게 자신이 해당 배우를 선정한 이유를 말해보게 합니다. 이후, 모둠별로 협의하여 하나의 캐스팅 보드를 만들어 봅니다. 연예인이 아니라 우리 반 친구들을 대상으로 배우를 선정할 수도 있습니다. 이때 특정 학생을 놀리기 위해 악역에 배치하는 등 다른 학생을 괴롭히지 않도록 주의해야 합니다. 이를 방지하기 위해 선생님이 미리 캐스팅할 배역들을 지정하고 여기에 학급 친구를 배치하게 할 수 있습니다.

이런 게 좋아요

"영화나 문학 작품은 한 인물의 삶을 다룬 작품이 많은데, 질문하는 활동을 통해서 그 인물에 대해 보다 집중적으로 생각할 수 있는 시간을 갖게 된 거 같아요. 특히 인물의 삶에 대해 더 깊이 생각해 볼 수 있어서 좋았어요. 앞으로 역사적인 인물을 다루는 영화나 소설 등을 보게 되면 이 활동이 생각날 것 같아요."

03

질문으로 미술 공부하기

• 그림에게 묻는다

▼ 질문으로 미술 공부하기

그림에게 묻는다

세상에는 다양한 예술 작품이 존재합니다. 예술 작품을 감상하는 것은 삶을 풍요롭게 하는 중요한 경험이며, 이러한 감상을 다른 사람과 나누는 것 역시 매우 소중합니다. 다른 사람과 감상을 나눌 때에는 무엇이 어떻게 좋았고 왜 그렇게 느꼈는지 등의 간명한 질문부터 창작자와 시대, 주제에 관한 복잡한 질문까지 다양하게 묻고 답할 수 있습니다. 특히 예술 작품 중 그림은 다양한 연상을 할 수 있어 감상을 나누며 질문을 주고받기에 적절한 자료입니다. '그림에게 묻는다'는 '질문왕 김궁금 씨' 활동(▶ 53쪽)을 응용하여 그림에 대한 질문을 자유롭게 만든 다음 그림을 그린 화가나 시대적 배경, 미술 사조 등에 대한 자료를 조사하면서 답을 찾는 활동입니다. 이 활동을 통해 예술 작품을 보다 풍성하고 즐겁게 감상할 수 있습니다.

1 그림 보기
- 선생님이 제시하신 그림을 모둠별로 함께 감상한다.

2 그림에 대한 질문 만들기
- 그림을 감상하면서 생각나는 대로 각자 질문을 만든다.
  - (예) 부분에서 전체, 위에서 아래, 왼쪽에서 오른쪽 등 방향을 잡아 살펴보면서 질문을 만든다.
  - (예) 표현 방법, 구도, 색채, 명암, 크기 등 부문을 나누어 살펴보면서 질문을 만든다.
- 그림을 그린 화가에 대한 설명이나 그가 그린 다른 작품 등의 자료를 함께 본 뒤, 추가로 질문을 만든다.

3 질문 공유하고 대답하기
- 각자 만든 질문을 모둠원들과 공유한다.
- 질문에 대해 각자 생각한 답을 서로 이야기한다.
- 답을 찾기 위해 정보가 더 필요하거나 또 다른 질문을 만들고 싶다면 추가적으로 자료를 찾아 읽어 본다.
  - (예) 화가에 대한 설명이 적힌 책이나 인터넷 사이트를 찾아 공유한다.
  - (예) 화가에 대한 기사가 있다면 찾아서 함께 읽어본다.
- 추가 자료를 바탕으로 새로운 질문을 만들고 대답해 본다.

4 그림 감상문 쓰기
- 앞서 질문하고 답한 내용을 바탕으로 감상을 정리한다.
- 정리한 내용으로 자유롭게 감상문을 작성한다.

■ 이 활동은 '예술 작품을 폭넓게 감상하기 위한 질문을 만들 수 있다.'라는 목표를 가지고 고등학교 3학년 미술 시간에 진행하였습니다. 함께 감상할 그림은 다양하게 해석할 여지가 있는 추상성과 환상성이 강한 작품을 선정하되, 추상성이

그림 ①

너무 강하거나 반복적인 패턴이 나오는 작품은 피했습니다. 학생들이 아직 미술에 대한 배경지식이나 미술작품을 감상해 본 경험이 부족했기 때문입니다. 또한 학생들이 기존의 해석에 얽매이지 않고 자유롭게 감상할 수 있도록 유명한 화가의 작품이 아닌 잘 알려지지 않은 작가의 작품을 골랐습니다. 다음(그림 ①)은 학생들이 함께 감상한 그림입니다.

■ 학생들은 그림을 감상하고 일단 떠오르는 느낌들을 서로 공유하였습니다. 이후 "왜 이 그림이 아름답게 느껴지는 것일까?", "이 그림에서 현실과 다르게 표현된 것은 어떤 부분일까?" 등 질문을 떠오르는 대로 만들어 보게 하였습니다. 그다음에는 그림의 전체적인 것부터 세부적인 부분으로 가면서 차근차근 질문을 만들어 보거나, 미술 시간에 배웠던 그림의 요소, 구도, 원근법, 색채, 명암, 사조 등을 활용하여 질문을 만들게 하였습니다.

■ 학생들은 그림 ①에 대한 질문을 만든 다음, 동일한 작가의 다른 작품(그림 ②)을 보고 추가로 질문을 만들었습니다. 이 과정에서 두 작품을 비교하는 질문과 작가에 대한 질문이 더 풍성하게 나오는 것을 확인할 수 있었습니다.

그림 ②

■ 예술 작품에 대해 만들 수 있는 질문이 다양한 만큼 답도 다양하게 나올 수 있습니다. 특히, "이 작품에서 가장 인상적인 부분은 무엇인가?"와 같이 개인의 감상에 대한 질문이 그러합니다. 분명한 답을 정하기 어려운 질문이더라도 작품을 조목조목 따져 보면서 그림을 더 잘 이해하는 연습을 해 보고자 하였습니다. 학생이 만든 질문은 다음과 같습니다.

화가에 대한 질문

"이 화가의 화풍으로 볼 때, 화가가 좋아하는 그림의 유형을 어떤 형용사로 표현해 볼 수 있을까?"

"화가가 좋아하는 색은 어떤 분위기의 색일까?"

"작품을 볼 때 이 화가는 남자인가, 여자인가? 왜 그렇게 생각하는가?"

"이 화가는 어느 나라 사람일까? 왜 그렇게 생각하는가?"

"이 화가의 작품전을 한다면 어떠한 제목을 붙이면 좋을까?"

그림에 대한 질문

"각각의 그림의 주제는 무엇인가?"

"이 그림들에 제목을 붙인다면 무엇으로 할 수 있을까?"

"그림 ①에 나오는 사람 각각에게 성별과 나이를 부여한다면, 어떻게 표현할 수 있을까?"

"그림 ①과 그림 ②에 나오는 사람들에게 말풍선을 붙인다면 어떤 말을 넣을 수 있을까?"

"이 그림의 배경 색을 바꾼다면 어떻게 느낌이 바뀔까?"

"그림 ①과 그림 ②가 각각 역사적인 사건에 대해 표현한 그림이라고 한다면 어떤 사건이 적합할까?"

이럴 때는 이렇게

■ **어떤 질문을 해야 할지 막막해할 때** 학생들이 그림을 보고 어떤 질문을 해야 할지 막막해할 수 있습니다. 그림을 감상한 경험이 적을 경우 더욱 그렇습니다. 이때에는 학생들이 그림을 그렸던 경험을 떠올려 보게 하고 이 그림을 왜 그렸을지, 어떤 주제를 표현하고 싶었던 것일지부터 차근차근 질문해 보도록 합니

다. 또한 미술에 흥미가 있거나 지식이 풍부한 친구가 있다면 이 친구를 화가로 가정하고 질문을 하게 할 수도 있습니다.

■ **그림에 대한 감상문을 쓰기 어려워할 때** 이 활동의 목적은 글쓰기가 아니라 그림에 대한 질문을 만드는 것이므로, 우선 편안한 마음으로 질문과 답변을 글로 정리해 보도록 합니다. 글을 쓰는 것 자체를 어려워한다면 학생의 특성이나 능력에 맞게 다양한 방법으로 그림에 대한 감상을 정리하게 할 수도 있습니다. 그림을 보고 느낀 생각을 그림으로 표현하거나, 그림을 가지고 새로운 패러디물이나 응용 작품을 만들거나, 그림으로 광고를 만든다면 어떤 문구를 넣을지 써 보거나, 그림에 등장하는 사람들의 대사를 생각하여 넣어 보도록 합니다. 이후 각자 만든 결과물에 대해 추가적으로 질문과 답변을 진행할 수도 있습니다.

이렇게도 할 수 있어요

■ 학급 전체 사전 활동으로 학생들이 좋아하는 게임, 애니메이션, 문구류 등의 캐릭터를 대상으로 질문과 답변을 하는 활동을 간단하게 진행할 수 있습니다. 평소에 자주 보던 캐릭터를 면밀하게 살펴보면서 캐릭터의 생김새, 동작, 성격 등 특징에 대해 질문을 만들고 서로 답해 봅니다. 자신에게 친숙한 캐릭터를 보고 질문을 만들어 보는 과정에서 학생들은 질문 만들기에 대한 부담을 덜 수 있습니다.

■ 건축물이나 조형물, 나아가 제품이나 의상 등을 대상으로 삼아도 좋습니다. 무심코 지나가거나 호기심을 가지지 않았던 것들에 대해 다양한 영역에서 질문을 해 볼 수 있습니다. 예를 들어, "우리 학교 교복은 왜 이런 디자인과 색을 사용한 것일까?", "우리 학교의 교표는 무엇을 상징하는 것일까?"와 같은 질문을 다양하게 만들어 볼 수 있습니다.

04

질문으로 수학 공부하기

- 수학자의 눈으로 세상 보기
- 작은 질문으로 큰 질문에 답하기

수학자의 눈으로 세상 보기

　많은 학생들이 수학 문제를 이해하고 이를 다양한 관점에서 접근하여 해결해 내는 것을 어려워합니다. 특히, 수학적 추론 과정에서 계속 어려움을 겪으면서 결과적으로 수학에서 멀어지곤 합니다. '수학자의 눈으로 세상 보기'는 '질문-대답 숨바꼭질' 활동(▶ 124쪽)을 활용하여 어떤 수학 문제를 먼저 접했던 수학자의 고민에 대해 생각하고 질문하면서 그가 걸었던 길을 따라 걸어 보는 활동입니다. 수학자들의 연구 과정을 따라가면서 그 과정에서 어떤 질문이 있었는지, 그 질문을 어떻게 해결했는지 생각하고 친구와 토의하는 활동을 통해 수학자처럼 사고하고 문제를 해결하는 경험을 할 수 있습니다. 이러한 활동은 수학에 대한 거부감을 줄이고, 수학에 대한 자신감을 키워 줄 수 있습니다.

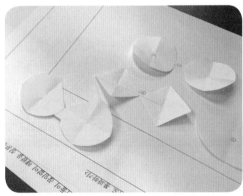

1 문제 상황
이해하기

• 제시된 수학적 문제 상황을 읽으며 해결 방안을 떠올려 본다.

> **예** 소파 움직이기 문제
>
> 1966년 캐나다의 수학자 레오 모저(Leo Moser)가 제안한 문제이다. 오른쪽 그림과 같이 폭이 일정하고 직각으로 꺾인 복도를 지날 수 있는 가장 면적이 큰 소파는 어떤 모양일까?
>
>

• 제시된 문제 상황에 대한 해결책으로 제시되었을 법한 주장들을 짐작해 본다.

2 문제 해결
과정에서
제기되었을 법한
질문 유추하기

• 제시된 문제를 앞서 풀었던 수학자의 답을 확인한다.

• 수학자가 문제를 해결하기 위해 걸어간 길(생각 과정)을 되짚어 본다. 이때 수학자가 문제 해결 과정에서 제기했을 법한 질문을 생각하여 개별 활동지에 적는다.

> **예** 소파 움직이기 문제를 해결하면서 수학자가 제기했을 법한 질문들
>
> "좌우 대칭이 최적의 조건일까?"
>
> "벽에 닿는 부분이 많아야 면적이 넓은 걸까?"
>
> "경로를 방해하지 않으면서 면적을 최대화할 수 있으려면 어느 부분을 늘려야 할까?"
>
> "꺾이는 부분에서 삭제되는 부분을 최소화하는 방법은 무엇일까?"

• 각자 생각한 질문들을 발표하면서 생각을 공유하고, 이를 모둠별 활동지에 정리하여 적는다.

3 질문을
구체적 상황에
적용하기

• **2** 단계에서 정리한 질문들을 구체적 상황에 적용해 본다.

> **예** 소파 움직이기 문제의 해결을 위한 질문 적용 활동
>
> 아래에 제시된 도형 중 복도를 통과할 수 있으면서 가장 면적이 넓을 것으로 예상되는 도형 1위, 2위, 3위 선정하기
>
>

| **4** | 문제 해결하고 질문-응답하기 | • **2**단계에서 유추한 수학자의 질문과 **3**단계에서 질문을 적용해 본 결과를 생각하면서 문제에 대한 자신의 정답을 찾아본다. |

> (예) 소파 움직이기 문제에 대한 자신의 정답 찾기
> - 도형의 면적을 비교하는 방법을 고안하고 직접 비교해 보기
> - 제시된 도형과는 다른 새로운 도형 그려 보기

• 자신의 의견에 대한 친구들의 예상 질문과 그에 대한 답변을 활동지에 적어 본다.

• 자신의 의견을 모둠원에게 발표하고, 궁금한 점에 대해 자유롭게 질문하고 답변한다.

| **5** | 나의 의견을 수립하고 검증하기 | • **4**단계를 통해 깊어진 생각을 바탕으로 문제에 대한 자신만의 해결책을 최종적으로 정리한다. |

> (예) 소파 움직이기 문제 해결에 대한 나의 의견 정리와 검증 활동
> - 제시된 도형 중 복도를 통과하면서도 면적이 더 넓어지도록 변형시킬 수 있을 거라고 예상하는 도형을 선정하여 직접 변형시켜 보기

• 자신의 방안을 직접 문제 상황에 적용해 봄으로써 해당 방안이 문제 해결에 적합한지 검증한다.

| **6** | 문제 해결 방안 공유하기 | • 검증 과정을 통해 확정된 자신의 문제 해결 방안을 발표하여 모둠원과 공유한다.

• 여러 해결책 중에서 문제 상황에 가장 적합하다고 생각되는 것을 선정한다. |

■ 이 활동은 중학교 3학년 수학 시간에 '다각형의 성질을 이해한다.'라는 학습 목표를 바탕으로 진행되었습니다. 학생들이 도형을 다양하게 확장·변형해 보면서 문제·해결 능력과 수학적 추론 능력을 키울 수 있도록 하였습니다.

■ 제시된 '소파 움직이기' 문제는 상황은 단순하지만 정답을 찾기 위해서는 높은 수학적 추론 능력이 필요합니다. 학생들은 질문을 통해 수학자가 어떻게 문제를 해결했을지 생각해 보면서, 정답에 이르는 과정을 추론하였습니다. 문제를 보고 바로 답을 구해야 하는 것이 아니라, 제시된 답을 보고 질문을 떠올리는 활동이어서 학생들은 흥미를 가지고 적극적으로 수업에 참여하는 모습을 보였습니다. 다음은 학생들에게 제시한 수학자의 정답과 학생들이 수학자의 눈으로 이를 되짚어 가며 작성한 질문의 사례입니다.

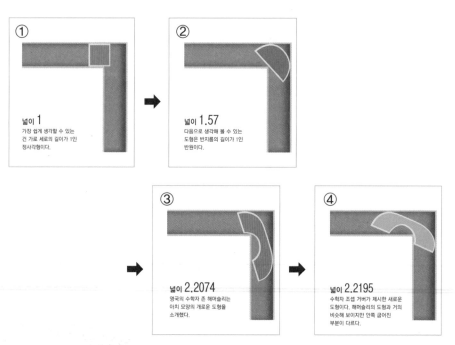

① 넓이 1
가장 쉽게 생각할 수 있는 건 가로 세로의 길이가 1인 정사각형이다.

② 넓이 1.57
다음으로 생각해 볼 수 있는 도형은 반지름의 길이가 1인 반원이다.

③ 넓이 2.2074
영국의 수학자 존 해머슬리는 아치 모양의 개로운 도형을 소개했다.

④ 넓이 2.2195
수학자 조셉 거버가 제시한 새로운 도형이다. 해머슬리의 도형과 거의 비슷해 보이지만 안쪽 굽어진 부분이 다르다.

출처: 「미션! 소파를 옮겨라!」, 「수학동아」 2017년 5호, pp. 78-81. ⓒ 스트라타시스 코리아

①→②로 발전하는 과정에서 했을 법한 질문
"둥근 면이 있다면 면적이 넓어질까?" (예상 정답: 면적이 좁아지겠지만, 돌아

갈 수 있는 구조라면 뒷부분으로 확장이 가능할 것 같다.)

"회전시키면 더 좋지 않을까?" (예상 정답: 돌아갈 수 있는 부분이 생겨 뒷부분으로 면적 확장이 가능할 것이라 생각한다.)

"대각선 길이를 더 넓히면?" (예상 정답: 면적이 넓어질 수 있겠지만, 회전이 막히는 부분이 생길 것이다.)

②→③으로 발전하는 과정에서 했을 법한 질문

"반원에서 지름 부분의 직선을 곡선으로 바꾼다면 도형의 면적을 넓힐 수 있을까?" (예상 정답: 아랫부분의 면적은 좁아지겠지만, 더 긴 형태의 도형으로 변형시킬 수 있을 것이다.)

"지나는 부분의 면적을 최대화하려면 어떡해야 할까?" (예상 정답: 면적이 좁을수록 지나가기 쉽다. 하지만 면적을 최대화하면서 지나가기 위해서는 지나갈 때 남는 부분을 면적으로 채워야 한다.)

③→④로 발전하는 과정에서 했을 법한 질문

"꼭짓점과 도형 면을 계속 접하게 하며 통과시키면 좋지 않을까?" (예상 정답: 접할수록 여유 면적이 없이 복도를 통과할 수 있는 최대 면적이 된다.)

"더 효율적인 굽은 모양은 없을까?" (예상 정답: 더 길게 할수록 면적이 넓어지지만 돌아가지 않을 수 있다. 면적이 넓으면서도 돌아가기 위한 굽은 모양을 찾아야 한다.)

■ 학생들은 직접 도형을 만들고 변형시키면서 자신의 문제 해결 방안을 찾아 나갔습니다.

◢ **제시된 문제를 이해하지 못하는 학생이 있을 때** 문제 상황을 잘 이해하는 학생과 이해하지 못하는 학생을 한 모둠으로 구성하여 도움을 주고받을 수 있도록 해야 합니다. 문제 상황에 대한 이해도나 문제 해결력이 서로 다른 학생들이 모여 모둠을 구성하면, 이해에 어려움을 겪는 학생은 눈높이에 맞게 설명해 주는 친구에게 도움을 받을 수 있습니다. 나아가 이해도가 높은 학생도 친구에게 설명을 해 주면서 자신의 이해를 높이거나 새로운 생각을 떠올릴 수 있어 깊이 있는 학습을 하는 데 도움이 됩니다.

◢ **학생들이 질문을 잘 추론하지 못할 때** 수학자들이 문제를 해결하는 과정에서 제기했을 질문을 추론하는 것을 어려워하는 학생이 있습니다. 이때에는 학생들에게 여러 정답 간 공통점과 차이점을 찾아보게 하고 각각 어떤 질문을 던지고 답을 하면서 그러한 정답을 도출했을지 생각해 보도록 이끌어 줍니다.

◢ **학생들의 관심이나 참여도가 낮을 때** 활동에 대해 학생들이 관심을 잘 보이지 않는다면, 추상적인 문제 상황을 실제적 방법으로 해결하게 하여 학생들의 흥미를 유발할 수 있습니다. 예를 들어, 스티로폼 등을 활용하여 복도 모형과 자신이 해결책으로 제시하는 도형을 입체적으로 제작하여 실제로 도형이 복도를 통과하는지 확인하게 할 수 있습니다.

◢ **3**단계에 제시된 여러 도형을 가지고 모둠원이 협동하여 답을 찾아가는 활동으로 진행할 수도 있습니다. 모둠별로 하나의 도형을 고른 뒤, 모둠에서 논의하여 불필요한 부분은 자르고 필요한 부분은 넓히면서 복도를 통과할 수 있는 최대 면적의 도형을 만듭니다. 이렇듯 창의적인 생각을 교환하여 모둠의 정답을 발전시켜 나가는 활동을 통해 학생들은 다른 사람과 힘을 합쳐 문제를 해결하는 경험을 할 수 있습니다.

질문을 통해 추론 과정을 이해해 보려는 노력은 확률과 통계 수업에서도 진행할 수 있습니다. 문제 상황에 대한 확률적 접근 과정을 살펴보고 이때 제기되었을 질문들을 예상해 보게 합니다. 문제 상황을 깊게 이해하고 추론 과정을 모방·학습하여 새로운 상황에 적용시키는 이러한 활동을 통해 어려운 개념에 대한 이해력과 수학적 사고력을 발전시킬 수 있습니다.

이런 게 좋아요

"'넓이를 최대화하는 것이 아니라 통과 가능한 도형의 최대 넓이에서 복도를 지나기 위해 도형에서 삭제되어야 할 최소한의 면적을 없애 가는 방식으로 접근하면 최선책이 나오지 않을까?'라는 질문이 새로웠고, 거기서부터 문제 해결의 실마리를 찾는 과정이 재미있었어요."

▼ 질문으로 수학 공부하기

작은 질문으로 큰 질문에 답하기

일상생활에서는 대략적인 수치를 짐작하여 문제를 해결해야 하는 상황이 종종 있습니다. 예를 들어 자신에게 맞는 핸드폰 요금제를 선택하려면 핸드폰 사용 시간, 영상 시청 시간, 통화 시간 및 횟수, 와이파이 접속 횟수, 데이터 사용량 등을 올바르게 추정해야 합니다. 수학적 문제 상황에서도 본격적인 탐구에 들어가기 전에 추정 과정이 필요한 경우가 있습니다. 이 경우에는 문제 상황에 해당하는 큰 질문에 좀 더 정확한 답을 하기 위해 그보다 작은 질문들을 던지고 이에 대한 답을 추정해야 합니다. 그리고 이러한 작은 질문들의 관계를 연결 지음으로써 문제 상황을 구체적으로 파악하고 더 정확한 추정치를 생각해 낼 수 있습니다. '작은 질문으로 큰 질문에 답하기'는 '질문 탑 쌓기' 활동 (▶ 108쪽)의 질문 층위를 활용하여 문제의 답을 찾는 데 필요한 다양한 작은 질문을 하고, 그 질문에 답을 추정해 보면서 자신의 논리로 문제를 해결하는 활동입니다. 이 활동을 통해 학생들은 문제 해결력과 창의력, 사고력, 논리력을 키울 수 있습니다.

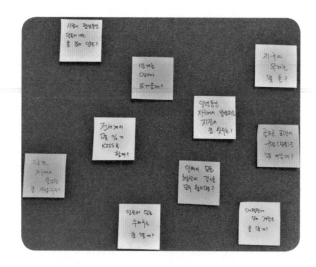

1 **문제와 관련된 작은 질문하기**

• 선생님이 제시한 문제 상황 중 해결하고 싶은 문제를 선정한다.

• 문제 상황을 큰 질문이라 생각하고, 이와 관련된 보다 작은 질문들을 떠올려 본다.

> 예 '1930년대, 시카고의 피아노 조율사의 수는?'에 대한 작은 질문
>
> "당시 시카고의 가구 수는 얼마일까?"
>
> "당시 시카고에 피아노가 몇 대나 있었을까?"
>
> "사람들은 피아노를 몇 년에 한 번 조율했을까?"
>
> "피아노 조율사는 하루에 얼마나 많은 피아노를 조율했을까?"

• 앞에서 만든 질문에 대한 답을 찾기 위해 필요한 더 작은 질문을 만든다. 이미 만든 질문을 연결하거나 더 작은 질문을 새로 만들 수 있다.

> 예 "당시 시카고에 피아노가 몇 대나 있었을까?"
>
> → "당시 시카고의 가구 수는 얼마일까?" [연결한 질문]
>
> → "전체 가구 중에서 피아노를 가진 가구의 비율은 어떻게 될까?" [새로 만든 질문]

2 **작은 질문 정리하기**

• **1** 단계에서 만들고 연결한 작은 질문과 더 작은 질문 중 문제 해결에 꼭 필요한 질문을 선택한다.

• 답을 추정하는 순서에 맞게 선택한 질문들을 배치한다.

3 작은 질문에
답하며
큰 질문의
답을 추정하기

- 배치한 작은 질문들에 대한 답을 조사하고, 그 답과 조사 방법을 함께 기록한다. 조사를 통해 확인하지 못한 값은 유추하여 적고, 유추의 근거를 간단하게 적는다.

- 작은 질문들의 답을 바탕으로 문제 상황에 해당하는 큰 질문의 답을 추정하여 적는다.

문제와 연관된 작은 질문	답	추정
"시카고의 인구수는?" → 1930~40년대 시카고의 인구수 검색	300만 명	시카고 거주 가구 수: 100만 가구 (300만÷3명) 피아노 보유 가구: 10만 대 (100만 가구×10%) 1년간 피아노 조율 횟수: 10만 건 (10만 대×(1회÷1년)) 1대의 피아노 조율에 걸리는 시간: 2시간 조율사 1명이 하루에 조율하는 피아노 수: 8시간÷2시간=4대 조율사가 1년간 조율하는 피아노 수: 4대×5일×50주 =1,000대 조율사의 수: 10만 대÷1,000대=100명
"가구당 구성원의 수는?" → 평균 출산율이 1~2명이고, 결혼하지 않은 사람도 있으므로 3명 정도	3명	
"가구당 피아노 보유율은?" → 우리 반 친구들 30명 중에 피아노를 보유한 친구가 3명임	10%	
"피아노 조율 주기는?" → 피아노를 보유한 3명의 피아노 조율 주기의 평균값	1년	
"조율사가 조율에 걸리는 시간은?" → 이동 시간도 고려하여 2시간 정도로 계산	2시간	
"조율사 1명이 1년 동안 조율하는 피아노 수는?" → 일하는 시간(주5일·하루 8시간 근무, 1년 50주)을 고려하여 계산	1,000대	
1930년대, 시카고의 피아노 조율사의 수는?	100명	

4	추정값 비교하며 질문하기	• 자신의 추정값을 적은 종이를 칠판이나 교실 게시판에 붙인다.
		• 친구들의 추정값을 살펴보며 자신의 추정값과 비교한다.
		• 여러 추정값 중 자신과 가장 비슷한 추정값과 가장 크게 차이 나는 추정값을 공개한 친구를 찾고, 이들의 추정 과정을 자신의 것과 비교한다. (추정에서 $\frac{1}{10}$배~10배 이내의 값은 비슷한 값으로 간주한다.)
		• 비교 과정에서 의문이 생긴다면 질문으로 만들어 붙임쪽지에 작성하고, 붙임쪽지를 친구의 종이에 붙여준다.
5	추정값 수정하기	• 친구의 질문에 답을 하며 자신의 추정값을 점검해 보고, 자신의 추정 과정에서 고쳐야 할 부분이 있다면 이를 반영하여 추정값을 수정한다.

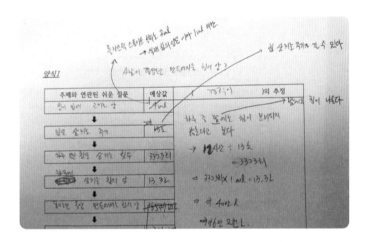

| **6** | 큰 질문의
정답 확인하기 | • 선생님께서 보여 주신 정답과 자신의 추정값을 비교한다. |
| | | • 정답과 다를 경우, 어떤 부분에서 추정에 오차가 생겼는지 확인한다. |

■ 이 활동은 '다양한 상황을 문자를 사용한 식으로 나타낼 수 있다.'라는 학습 목표를 가지고 중학교 3학년 수학 수업에 적용하였습니다. 생소하지만 충분히 유추할 수 있는 문제 상황을 제시하여 학생들의 흥미를 유발하였습니다. 다음은 학생들이 '사람이 평생 동안 만드는 침의 양은?'이라는 질문의 답을 추정해 가는 과정을 보여 주는 사례입니다.

사람이 평생 동안 만드는 침의 양은?

[처음 답을 추정한 과정]

문제와 연관된 작은 질문	답	추정
"침이 입에 고이는 양은?" → 3번 침을 뱉어 입안에 고여 있는 침의 양의 평균을 계산	4ml	
"침을 삼키는 주기는?" → 침을 한 번 뱉고 다음번 침이 모일 때까지 걸리는 시간 측정	13초	12시간÷13초 ≒3,323회
"하루 동안 침을 삼키는 횟수는?" → 하루 중 밤에는 침이 분비되지 않는다. 따라서 12시간÷침을 삼키는 주기	3,323회	4ml×3,323회 ≒13.3L
"하루에 삼키는 침의 양은?" → 침이 고이는 양×하루 동안 침을 삼키는 횟수	13.3L	13.3L×365일×80년 ≒39만 L
"인간의 기대 수명은?" → 자료 조사: 80년	80년	
사람이 평생 동안 만드는 침의 양은?	39만 L	

다른 친구들의 추정값을 확인하고 자신의 추정값과 비교하기

[다시 답을 추정하는 과정]

문제와 연관된 작은 질문	답	추정

"침이 입에 고이는 양은?"
→ 몸무게, 나이, 성별, 식성 등에 의해
차이가 생기지 않을까?
→ 사람이 아기였을 때, 성인일 때, 노인이
되었을 때의 침 분비가 달라지지 않을까?
→ 신체 활동이 왕성한 청소년기, 성인 시기를
지나면 침의 분비도 줄어들기 때문에 모둠원
3명의 평균을 구한 뒤, 그 값의 1/10을 계산

답: ~~4ml~~ → 0.5ml

"침을 삼키는 주기는?"
→ 사람마다 체질이 달라 침을 삼키는 주기도
다르지 않을까?
→ 모둠원 3명의 평균을 계산

답: ~~13초~~ → 30초

"하루 동안 침을 삼키는 횟수는?"
→ 밤에는 침이 나올까? 안 나올까?
→ 밤에는 침 분비가 낮에 비해 감소

답: ~~3,323회~~ → 2,400회

"하루에 삼키는 침의 양은?"
→ 침이 고이는 양×하루 동안 침을 삼키는 횟수

답: ~~3.3L~~ → 1.2L

"인간의 기대 수명은?"

답: 80년

사람이 평생 동안 만드는 침의 양은?

답: ~~39만 L~~ → 3.5만 L

추정:
~~12시간÷13초~~
~~=3323회~~
→ (16시간÷30초)+
(8시간÷60초)
≒2,400회

~~4ml×3,323회=13.3L~~
→ 0.5ml×2,400회
≒1.2L

~~13.3L×365일×80년~~
~~=39만 L~~
→ 1.2L×365일×80년
≒3.5만 L

선생님의 정답 제시: 약 2만 L

■ **논리적으로 추정하지 않고 그냥 답을 할 때** 학생에게 그러한 답을 말한 이유, 답을 하는 데 사용한 정보나 생각 등을 질문해 봅니다. 학생들은 자신의 답을 다시 생각해 보면서 논리적 추정의 필요성을 인식할 수 있습니다. 또는 추정 과정을 간단한 OX 퀴즈로 구성하여 흥미롭게 수업에 참여시킬 수 있습니다.

■ **추정 과정에서 필요한 정보를 찾을 수 없을 때** 책이나 온라인 자료를 조사하는 것으로 질문의 답을 찾을 수 없을 때는 일상생활의 경험을 바탕으로 통계적으로 추론하는 것이 가장 효과적입니다. 예를 들어, 가구당 피아노 보유 수 등에 대한 정보를 찾을 수 없다면 학급 친구들 중 피아노를 보유한 가구의 수를 파악하여 일반화할 수 있습니다. 하지만 이 과정에서 '우리 반'이라는 특수성을 고려하여 추론 과정에 적용해야 합니다.

■ **자신의 추정만을 강하게 주장할 때** 논리적 오류를 스스로 돌아볼 수 있도록 잘못된 부분에 대해 선생님이 질문을 하거나, 학생 스스로 점검하는 질문을 만들어 자신의 추정 과정을 되돌아보도록 이끌어야 합니다.

■ **학생이 이미 정답을 알고 있을 때** 제시한 문제와 관련된 새로운 문제나 한 단계 더 나아간 심화된 질문으로 바꾸어 해결하도록 지도합니다. 질문을 바꾸기 어렵다면 활동을 어려워하는 친구에게 힌트를 주는 멘토 역할을 맡겨 협동하여 문제를 해결하도록 할 수 있습니다.

■ 학생들이 직접 추정 문제를 만드는 수업을 구성할 수도 있습니다. '지금까지 내가 먹은 치킨 수', '아침에 일어나서부터 지금까지 눈을 깜빡인 횟수', '오늘 하루 동안 내가 말했던 단어의 총 개수' 등 자신과 관련된 일상적인 사안에 대해 즐겁게 문제를 만들고, 친구들과 함께 그 답을 추정해 봅니다. 평소에 생활하면서 궁금했던 점을 스스로 질문하고 함께 해결하는 과정에서 학생들은 자

신이 질문의 주인이며 학교 밖의 문제도 질문을 통해 답을 찾을 수 있다는 것을 알 수 있습니다.

■ 다음의 다양한 사실로부터 추정 수업을 구성할 수도 있습니다.

- 인도에 있는 우체국의 수는 총 몇 개일까? (약 10만 개)
- 여태껏 지구에 잠시라도 살아본 사람들은 총 몇 명일까? (약 1,080억 명)
- 에펠탑에 있는 계단은 총 몇 개일까? (1,665개)
- 지구의 무게는 몇 톤일까? (5,972,000,000,000,000,000,000톤)
- 일 년 동안 지구에서 발생하는 지진의 총 횟수는? (수백만 번)
- 인체의 모든 혈관(동맥, 정맥, 모세혈관)의 길이를 모두 합치면 얼마일까? (성인 기준 약 16만 km=지구를 거의 네 바퀴 감는 길이)
- 사람이 평생(80년) 만들어 내는 침의 양은 몇 리터일까? (약 2만 리터)
- 번개의 온도는 얼마나 뜨거울까? (약 3만 도)
- 하루 동안 지구에서 발생하는 번개의 수는? (약 10만 번)
- 전 세계인들 중 몇 퍼센트 정도가 키스를 할까? (약 90퍼센트)

출처: "일반인용 페르미 추정 문제". https://www.youtube.com/watch?v=TJA-nCRfTI4

이런 게 좋아요

"내 추정이 맞았는지 틀렸는지 헷갈리는 부분이 많았지만, 친구의 추정값과 큰 차이가 나지 않는 걸 보고 놀랐어요. 그리고 동일한 문제 상황에서 서로 다른 질문을 했는데도 비슷한 답이 나온다는 게 신기했어요."

작은 질문으로 큰 질문에 답하기

학년   반   번 이름:

1 문제를 해결하는 데 필요한 질문을 적어 봅시다.

2 질문에 답하면서 문제의 답을 추정해 봅시다.

문제와 연관된 작은 질문	답	추정
↓		
↓		
↓		
↓		
↓		
↓		
↓		

05

질문으로 과학 공부하기

- 과학 기사를 읽으며 질문 지도 만들기
- 사진을 보며, 질문 토크쇼
- 질문하며 탐구 보고서 쓰기

과학 기사를 읽으며
질문 지도 만들기

    많은 학생들이 과학을 어려워합니다. 수업 시간에 배우는 과학 이론에 대한 어려움 때문에 과학 서적이나 잡지 등에서 과학과 관련된 내용을 접하는 것도 꺼리는 경우가 많습니다. '과학 기사를 읽으며 질문 지도 만들기'는 과학에 관한 기사나 글을 읽고 떠오르는 질문을 지도에 그려가며 위계화해 보는 활동으로, '보석맵으로 질문 나누기' 활동 (▶ 119쪽)을 활용한 것입니다. 질문을 범주에 따라 나누고 위계를 분석하는 과정에서 학생들은 과학 관련 글을 깊이 있게 이해하고 몰랐던 사실을 알게 됩니다. 이를 통해 학생들은 과학에 대해 갖고 있던 막연한 두려움을 극복할 수 있습니다.

1 **글을 읽으며 떠오르는 질문 메모하기**

- 제시된 과학 서적 및 기사를 읽는다.
  예 '명왕성은 행성인가, 왜행성인가?'에 관한 기사

- 글을 읽으면서 떠오르는 질문(개념이 이해되지 않는 부분, 정보가 정확한지 확인하고 싶은 부분, 저자의 주장이 나의 의견과 다른 부분 등)을 핵심어를 중심으로 질문 노트에 간단하게 적어 둔다.

2 **질문 다듬기**

- 질문 노트에 적은 질문을 의문문 형태로 다듬는다.

- 질문을 붙임쪽지에 적되, 모둠원별로 다른 색 또는 다른 모양의 붙임쪽지를 사용하여 질문이 누구의 것인지 구분할 수 있도록 한다.

- 작성한 질문을 모둠원과 함께 살펴면서, 중복되는 질문은 겹쳐 놓고, 새롭게 떠오른 질문은 붙임쪽지에 추가로 적는다.

- 질문에 대한 답을 찾아서 붙임쪽지 뒷면에 적는다.

3 **질문 공유하며 분류하기**

- 자신의 질문을 모둠원들과 공유한다.
  예 "행성의 조건을 하나씩 넣거나 뺐을 때, 행성으로 인정될 수 있는 천체는 얼마나 다양해질까?"
  "초기 행성의 조건은 누가, 언제 정했는가?"
  "명왕성의 궤도에 영향을 줄 정도인 카론도 위성이라고 할 수 있나?"
  "태양계 다른 행성들과 명왕성의 주된 차이점과 공통점은 무엇일까?"

- 모둠에서 논의하여 모둠원들의 질문을 포괄할 수 있는 4~5개의 범주를 정한다.

- 자신의 질문을 어떤 범주에 두는 것이 좋을지 생각하며 하나씩 분류한다.
  예 [정의 범주] "행성의 정의는 무엇인가?"
  [특성 범주] "명왕성의 특징은 무엇인가?"

[비교 범주] "다른 행성과의 공통점과 차이점은 무엇인가?"

[다양성 범주] "학계의 다른 의견으로는 무엇이 있는가?"

[기타 범주] "다양한 행성의 발견자는 누구인가?"

- 불필요한 질문은 삭제하고, 같은 범주 내의 유사한 질문은 합쳐서 정리한다.

- 정리한 질문을 읽으면서 새로운 범주가 필요하면 범주와 질문을 추가적으로 만든다. 또 특정 범주에 해당하는 질문이 적거나 새롭게 연상되는 질문이 있다면 질문을 추가한다.

  예 [조건 범주] "행성으로 지정할 수 있는 천체의 물리량은 무엇이 있는가?"

  "행성으로 선정되는 천체의 개수에는 제한이 있는가?"

4 질문 위계화하기

- 상하 위계가 있는 질문을 묶어서 상위 질문을 만든다. 상위 질문이란 개별적인 사실 관계를 묻는 질문들을 포괄하는 개념과 관련된 질문을 뜻한다.

  예 [하위 질문 ①] "명왕성의 궤도에 영향을 주는 카론도 위성이라고 할 수 있는가?"

  [하위 질문 ②] "명왕성의 대기 성분이나 알베도는 어떤가?"

  [상위 질문] "다른 행성과 구별되는 명왕성의 특징은 무엇인가?"

- 선후 관계가 있는 질문은 순서대로 배열한다.

5 질문 지도 만들고 의견 정리하기

- 질문의 범주와 위계를 고려하여 글의 주제에 대한 질문 지도를 작성한다.

- 질문 지도에 질문 붙임쪽지를 붙이면서 뒷면에 적은 정답을 다시 한번 확인한다.

- **1** 단계에서 읽은 글의 내용과 질문 지도를 참고하며 글의 주제에 대한 모둠의 의견을 적어 본다.

■ '과학적 읽기 과정에서 질문을 통해 내용을 깊게 이해하고, 저자의 주장에 대한 자신의 생각을 정리할 수 있다.'라는 학습 목표를 가지고 고등학교 1학년 통합 과학 시간에 이 활동을 적용해 보았습니다. 이 수업에서는 명왕성을 행성으로 인정할지에 대한 미국과 유럽 천문학계의 논쟁을 다룬 과학 기사를 활용하였습니다.

■ 대부분의 과학 관련 글과 마찬가지로, 활동을 위해 제시한 글 역시 분량이 많고 다양한 의견이 혼재되어 있어서 학생들이 처음 글을 읽었을 때는 이해하는 데 어려움을 겪었습니다. 그러나 중요한 문장에 밑줄을 긋고 의문점을 메모하면서 읽다 보니 조금씩 글을 이해하고 재미있어 하는 모습을 보였습니다.

■ 학생들은 자신의 질문을 만들고 답을 찾은 후, 모둠원들과 함께 질문을 분류하고 질문 지도를 만드는 활동을 하였습니다. 학생들은 글의 다양한 측면을 함께 이해하고, 이를 바탕으로 주제에 대한 서로의 생각을 공유하며 자신의 생각을 만들어 가는 모습을 보였습니다. 다음은 학생들이 활동한 결과입니다.

---

1. 글을 읽으며 떠오른 질문들

"행성의 조건은 누가 정했지?"

"행성이라는 구분이 필요한가?"

"행성 말고 다른 천체는 뭐가 있지?"

"명왕성이 행성이다 아니다 말이 많은데, 해왕성은 행성이 확실한가?"

2. 떠오른 질문들을 다듬은 예

"행성의 조건은 절대적인가?"

"행성을 정의하고 여러 천체들을 나눈 것이 천문학적으로 어떤 의미일까?"

"초기 행성의 조건은 누가, 언제 결정했는가?"

"태양계 다른 행성들과 명왕성의 주된 차이점과 공통점은 무엇일까?"

---

3. 범주에 따라 분류하고 정리한 질문들

4. 질문 지도 그리기

5. 제시된 글의 주제에 대한 모둠의 의견

"명왕성은 왜행성이다. 행성의 조건은 절대적이지 않다. 행성에 대한 기존의 정의는 발견에 따라 얼마든지 바뀔 수 있다. 단, 정의를 바꾸는 것은 결정적인 발견을 한 권위 있는 학자들의 토의와 의견 수렴 과정을 통해 이루어져야 한다."

이럴 때는 이렇게

▰ **학생들이 제시된 글을 읽기 어려워할 때** 글의 전반적인 내용과 주제를 학생들에게 간략하게 안내하고, 구체적인 사항은 글을 읽고 확인하며 나아갈 수 있도록 수업을 구성합니다. 학생들에게 생소한 단어나 어려운 전문 용어는 글 안에 미리 주석으로 달아 두면 도움이 됩니다. 또한 글을 읽기 전에 관련된 시각 자료를 보여 주어 학생들의 배경지식을 넓혀 줄 수 있습니다.

▰ **질문 범주를 정하고 분류하는 것에 어려움을 겪을 때** 글이나 학생의 수준에 따라 질문 범주를 정하고 그에 맞게 질문을 분류하는 과정을 어려워할 수 있습니다. 이 경우에는 3~4개의 범주와 그 범주에 해당하는 전형적인 질문 한두 가지를 예시로 제시하여 학생들이 질문 범주를 이해하고 구분할 수 있도록 도와줍니다.

이렇게도 할 수 있어요

▰ 학생들에게 과학에 대한 관심과 호기심을 유발하기 위해서 최근의 과학 이슈(예 환경 오염과 발전, AI와 인간의 존엄성, 범죄 예측 시스템과 인간의 결정, 유전자 조작의 윤리성과 유용성, 자율 주행 자동차에서 사고의 책임, 과학의 발전과 신종 바이러스, 가상/증강 현실의 장단점 등) 또는 과학사에 관한 글을 제시하여 질문을 통해 쟁점을 이해하고 사실과 의견을 구분하며 자신의 의견을 구체화시키는 수업을 구성할 수 있습니다.

▰ 글에 제시된 저자의 의견에 대해 질문하며 자신의 생각을 정립하도록 한 뒤, 토론으로 수업을 이끌어 갈 수도 있습니다. 저자의 주장에 찬성하는 모둠, 저자의

주장에 반대하는 모둠으로 나누어 각자 상대 모둠에게 하고 싶은 질문을 만듭니다. 그리고 자기 모둠이 받을 질문을 예상하여 그에 대한 답을 작성한 뒤 토론을 진행합니다. 학생들은 이를 통해 의견을 구체화하고 자신의 주장을 설득력 있게 전하며 상대의 주장을 반박하는 과정을 경험할 수 있습니다.

이런 게 좋아요

"글을 대충 읽으며 지나치지 않고 궁금한 점에 대해 질문하며 글을 읽으니, 내가 아는 부분과 모르는 부분이 명확해지고 이해도가 높아지는 것 같아요."

"옆의 친구와 함께 질문을 하고 답을 찾아보며 글을 읽으니 더 재밌게 글을 읽을 수 있었어요. 친구와 질문을 이야기하며 서로 비슷한 질문이 있어서 놀랐고, 다른 질문에 대해 이야기하며 다른 관점을 생각해 보게 되었어요."

▼ 질문으로 과학 공부하기

사진을 보며, 질문 토크쇼

탐구는 과학을 공부하는 기본적인 방법이며 과학을 발전시키는 원동력입니다. 학생들은 과학 탐구를 통해 문제를 체계적으로 인식하고 창의적으로 사고하는 능력을 기를 수 있습니다. '사진을 보며, 질문 토크쇼'는 '꼬리에 꼬리를 무는 질문에 답하기' 활동 (▶ 94쪽)을 활용하여 과학적 원리가 작동하는 현상을 꼼꼼하게 관찰하고 질문하며 각자 만든 질문을 나누면서 과학적 가설을 설정하는 방법을 학습하는 활동입니다. 이 과정은 아이작 뉴턴(Isaac Newton)이 떨어지는 사과를 보고 만유인력을 생각한 과정과 유사합니다. 뉴턴은 사과가 떨어지는 현상을 인식하고 그에 대한 질문을 발전시키며 현상 속에 숨어 있는 과학적 원리를 발견하였습니다. 이렇듯 일반적으로 받아들여지는 현상을 새로운 시각으로 바라보고, 이에 대해 질문하며 탐구하는 활동을 통해 학생들의 창의력과 탐구력을 키워 줄 수 있습니다.

1 사진을 보며
   질문하기

- 우리 주변에서 볼 수 있는 특정 현상에 관한 다양한 사진이 제시된 활동지를 받고, 각각의 사진을 꼼꼼히 관찰한다.

- 사진들을 보면서 떠오르는 질문을 각자 메모한다.

   예 '비눗방울'에 관한 다양한 사진을 본 학생들의 질문

   "비눗방울의 크기는 왜 다 다를까?"

   "비눗방울을 만드는 빨대 끝의 다각형 모양이 비눗방울의 모양에 영향을 미칠까?"

2 연결하여
   질문하기

- 사진들을 연결하여 질문을 만들고 활동지에 붙인다.

   > ① 두 장 이상의 사진들을 연결해서 생각해 본다.
   >
   > ② 생각해 보면서 떠오르는 질문을 붙임쪽지에 적는다.
   >
   > ③ 관련된 사진들을 선으로 잇고, 선 위에 붙임쪽지를 붙인다.

- 질문들을 연결하여 질문을 만들고 활동지에 붙인다.

   > ① 사진을 보며 메모했던 질문들 중 둘 이상의 질문을 연결해서 생각해 본다.
   >
   > ② 생각해 보면서 떠오르는 질문을 붙임쪽지에 적는다.
   >
   > ③ 관련된 사진 옆에 붙임쪽지를 붙인다.

- 연결 질문을 붙인 자신의 활동지를 다시 검토해 본다.

 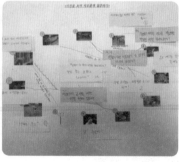

3 질문 토크쇼

- 개인 활동지와 동일한 사진이 제시된 모둠 활동지에 자신의 질문 쪽지를 붙이며 각자 자신의 질문을 발표한다.

- 한 명의 발표가 끝날 때마다 궁금한 점에 대해 토크쇼를 진행하듯 서로 질문하고 답한다.

4 최고의 질문 선정하기

- 질문 토크쇼에서 나눴던 다양한 질문들 중 가장 창의적인 질문 2개, 가장 연구해 보고 싶은 질문 2개를 각자 뽑아 해당 질문 옆에 스티커를 붙인다.

창의적인 질문

- 아무도 생각하지 못한 질문

- 다른 사람은 보지 못한 사진의 부분이나 현상에 대한 질문

- 당연하게 받아들여지는 현상에서 어떤 과학적 원리나 생각해 볼 지점을 찾아낸 질문

연구해 보고 싶은 질문

- 실제로 인과관계를 확인하고 싶은 질문

- 다른 답이나 설명이 가능하다고 생각되는 질문

- 생각해 보지 못했던 새로운 접근이 필요한 질문

- 가장 많은 스티커를 받은 질문을 최고의 질문으로 선정한다.

5 **가설 설정하기**
- 가설의 사전적 정의와 개념, 가설이 갖춰야 할 요건 등을 설명한 안내문을 읽고 그 내용을 이해한다.

- **4** 단계에서 선정한 최고의 질문에서, 변화를 주는 조작 변인과 그에 따라 변하게 되는 종속 변인을 파악한다. 이후, 조작 변인과 종속 변인 사이의 관계를 평서문 형식으로 기술하여 가설을 만든다.

  예 [최고의 질문] "비눗방울의 크기에 영향을 주는 조건은 무엇인가?"
  ↓
  [조작 변인] 장치의 모양과 크기
  [종속 변인] 비눗방울의 크기
  ↓
  [가설] 장치의 모양과 크기가 작을수록 비눗방울의 크기는 작아진다.

6 **가설 정교화하기**
- 설정한 가설과 연관된 선행 연구를 조사하여 연구를 진행할 수 있는지, 연구를 수행하는 것이 타당한지 판단한다.

- 연구 수행이 타당하다고 판단한 가설에 대해 여러 질문을 제기하고 그에 대해 답하면서 가설을 정교화한다.

  예 [가설] 장치의 모양과 크기가 작을수록 비눗방울의 크기는 작아진다.
  ↓
  [정교화 질문] 1. 비눗방울의 크기는 장치의 면적에 영향을 받을까, 둘레의 길이에 영향을 받을까?
  2. 바람을 불어 주는 속력과 세기에 비눗방울의 크기가 영향을 받지는 않을까?
  3. 장치의 모양을 제외하고, 비눗방울의 크기에 영향을 주는 다른 요인에는 무엇이 있을까?
  ↓
  [정교화된 가설] 바람의 세기가 비눗물에 일정하게 도달할 때, 장치의 면적에 해당하는 겉넓이를 갖는 형태로 비눗방울이 만들어진다.

- 변인들의 범주 및 개념을 구체화하고 인과관계가 잘 드러나도록 매끄럽게 다듬어 가설의 요건과 형태를 갖춘다.

■ 이 활동은 질문을 통해 일상적인 현상을 과학적으로 탐구하기 위한 목적으로 구성되었습니다. 고등학교 1, 2학년 창의적 체험활동 시간에 이 활동을 적용하여, 현상에서 문제를 인식하여 질문을 만들고 이를 발전시켜 하나의 가설로 만드는 과정을 진행하였습니다.

■ 먼저, 학생들은 하나의 주제에 대한 다양한 사진을 보며 질문을 만들었습니다. 그리고 여러 질문들을 연결하여 질문을 심화시키고, 이를 친구들과 나누면서 생각을 더욱 발전시켰습니다. 특히 모둠에서 선정한 최고의 질문을 바탕으로 가설을 설정해 나가면서, 학생들은 더욱 높은 수준의 탐구 능력을 기를 수 있었습니다. 다음은 학생들이 질문을 만들고 가설을 설정한 뒤, 이를 정교화한 사례입니다.

1. 사진을 보며 질문하기

사진	질문
	"비눗방울 발생 장치는 어떤 원리로 작동할까?" "비눗방울을 빠르게 발생시키는 방법은 무엇일까?"
	"비눗방울을 쪼갤 수 있을까?" "비눗방울은 언제 터질까?"
	"비눗방울의 모양이 왜 몇 가지 점으로 모일까?" "구가 아닌 정육면체 모양의 비눗방울을 만들 수 있을까?"

  "구멍이 여러 개면 비눗방울 여러 개가 한꺼번에 불어질까, 큰 게 하나 만들어질까?"

"비눗방울의 최대 크기와 바람의 속력은 관계가 있을까?"

2. 가설 설정하고 정교화하기

[최고의 질문] "바람이 부는 속력에 따라 비눗방울의 크기가 달라질까?"

↓

[조작 변인] 바람의 속력

[종속 변인] 비눗방울의 크기

↓

[가설] 바람이 부는 속력이 클수록 비눗방울의 크기가 커진다.

↓

[정교화 질문] "바람의 속력이 세면 비눗방울이 크게 만들어질까? 빨리 만들어질까?"

"바람이 너무 세면 비눗방울이 터지지 않을까?"

↓

[정교화된 가설] 비눗물이 터지지 않는 범위 내에서, 바람이 부는 속력이 클수록 비눗방울의 생성 시간이 짧아진다.

이럴 때는 이렇게

■ **제시된 사진에 관심이 없거나 질문을 만들지 못할 때** 무엇보다 학생들이 관심을 보일 만한 흥미로운 사진을 선정하는 것이 중요합니다. 그럼에도 학생들이 관심이 없어 사진을 꼼꼼하게 보지 않거나 질문을 만들지 못할 때에는 직접 재미있는 현상에 대한 사진을 찍게 하고, 그 사진들을 모아 수업을 구성할 수 있습니다.

■ **가설이 무엇인지 이해하지 못할 때** 이 활동을 제대로 하기 위해서는 학생들이 가설의 요건을 정확하게 이해해야 합니다. 그런데 가설의 요건은 개념적인 설명

으로 이해하기 어렵습니다. 그러므로 다양한 가설의 예를 보여 주면서 좋은 가설의 특징을 터득하게 하는 것이 필요합니다. 좋은 가설의 특징에는 "변수가 포함되어 있고, 변수들 간의 관계가 명확하다", "경험적인 과정을 통해 검증할 수 있다" 등이 있습니다.

■ **질문을 가설로 발전시키지 못할 때** 질문에 대한 답을 예상해 보도록 하고, 이러한 예상 답안에 포함된 변수들 간의 관계를 파악하게 합니다. 또한 너무 당연한 것은 아닌지, 실험을 통해 예상 답안을 검증할 수 있는지 생각해 보게 합니다. 이를 바탕으로 질문에서 가설을 도출할 수 있습니다.

이렇게도 할 수 있어요

■ 수업 시간이 부족하거나 학생들이 활동에 익숙하지 않다면 '최고의 질문 선정하기'까지만 활동을 진행할 수도 있습니다. 여기까지만 하더라도 문제 인식 단계는 완결되기 때문입니다. 다만 그 이전 단계에서 활동이 끝나지 않아야 합니다.

■ 반대로 수업 시간이 충분하거나 학생들이 더 심화된 활동을 요구한다면 가설 설정의 다음 단계인 '실험 설계-실험 수행-결과 분석-결론 도출-제언'에 이르는 활동을 이어갈 수도 있습니다. 실험을 설계할 때는 질문을 통해 실험 과정을 정교화할 수 있고, 결과를 분석할 때는 다양한 질문에 답하는 과정을 통해 더욱 설득력 있는 결론을 도출할 수 있습니다.

■ 사진과 사진 또는 질문과 질문을 연결하여 또 다른 질문을 만드는 활동을 게임 형식으로 진행할 수도 있습니다. '시간 내에 가장 많은 연결 질문 만들기', '최대한 많은 사진/질문을 연결하여 연결 질문 만들기' 등의 게임을 하면 학생들이 더욱 즐겁고 적극적으로 활동에 참여할 수 있습니다.

■ 사진 대신 하나의 키워드를 제시해도 좋습니다. 학생들에게 주어진 키워드를 보고 관련된 다양한 단어들을 마인드맵 형식으로 작성하게 합니다. 그다음 각

각의 단어에 대한 질문, 여러 단어를 연결해서 생각해 봤을 때 떠오르는 질문 등을 만들어 적게 할 수 있습니다. 다음은 '전자파'라는 키워드를 제시한 후, 학생이 작성한 마인드맵입니다.

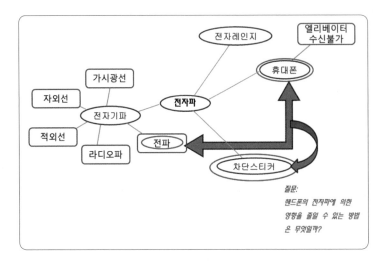

이런 게 좋아요

"처음에는 주제와 상관없는 이상하고 엉뚱한 질문들이 나왔지만, 질문을 계속 생각하고 나누는 활동을 하다 보니 과학적으로 의미가 있고 연구해 볼 만한 질문들이 나오기 시작했어요. 그걸 바탕으로 친구들과 논의해서 가설을 설정할 수 있었어요. 질문으로 가설을 만드니 재미있고, 과학 공부를 하는 데 도움이 되는 거 같아요."

사진을 보며, 질문 토크쇼

학년   반   번   이름:

1 활동지의 다양한 사진/그림을 보며 떠오르는 질문을 메모해 봅시다.

1.	2.	3.
4.	5.	6.
7.	8.	9.
10.	11.	12.

2 둘 이상의 질문 또는 둘 이상의 사진을 연결하여 생각해 보고 떠오르는 질문을 붙임쪽지에 적어 봅시다.

3 작성한 붙임쪽지를 활동지에 붙여 봅시다. (관련된 사진 옆에 붙이거나, 관련 있는 사진끼리 선으로 이어 그 선 위에 붙입니다.)

〈사진을 보며, 질문 토크쇼〉 활동지

1

2

3

4

5

6

7

8

9

10

11

12

질문하며 탐구 보고서 쓰기

　과학 탐구 보고서를 작성할 때에는 실험을 통해 검증할 수 있는 가설을 설정하고, 논리적 추론을 바탕으로 합리적인 결과를 도출해야 합니다. 또한 보고서는 실험 결과를 단순히 옮겨 적거나 그래프로 정리하는 것에 그치지 않고, 연구자의 가설이 충분히 검증되었는지를 확인할 수 있도록 작성해야 합니다. 특히 자신의 주장을 설득력 있게 전달하는 보고서를 쓰기 위해서는 연구자 스스로 자신의 연구 과정과 결과에 대해 끊임없이 질문해야 합니다. '질문하며 탐구 보고서 쓰기'는 '우리가 만드는 질문 그물' 활동(▶ 62쪽)을 활용하여 탐구 주제에 대해 다양한 질문을 만들고 이에 답하면서 탐구 보고서를 작성해 보는 활동입니다. 학생들은 단계별로 필요한 질문들을 하면서 탐구를 체계적으로 수행하고 그 결과를 효율적으로 보고서에 담아내는 경험을 할 수 있습니다.

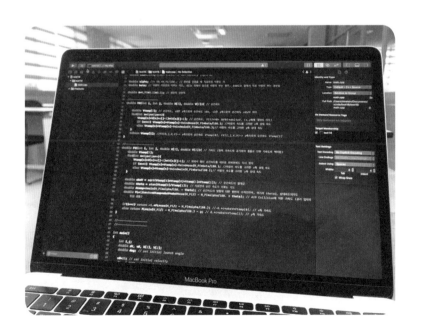

1 과학 탐구 보고서의 요건 이해하기

• 과학 탐구 보고서가 갖춰야 할 요건을 이해한다.

> 과학 탐구 보고서의 요건
>
> 1. 내용적 측면
>   - 타당성(validity): 논리 법칙에 맞는 추리, 합리적인 결과 분석
>   - 신뢰성(reliability): 연구 과정 및 결과의 신뢰성, 연구 윤리 준수
>   - 객관성(objectivity): 연구 과정 및 결과 분석의 객관성
> 2. 표현적 측면
>   - 관련성(relevance): 표, 그래프, 용어 및 실험 방법을 적절하게 선택
>   - 간결성(brevity): 독자가 이해할 수 있도록 간결하게 표현
>   - 명확성(clarity): 실험 결과 및 분석을 애매하지 않고 명확하게 표현

2 실험 결과 분석하기

• 제시된 실험 데이터를 보고 공통점과 차이점 등을 찾아보며 궁금한 점에 대해 질문을 만든다.

• 질문에 대한 답을 찾아보며 실험 결과를 분석한다.

3 결과 분석을 검증하는 질문하기

• 실험 결과에 대한 자신의 분석과 짝의 분석을 비교해 보고 서로의 분석을 검증하는 질문을 한다.

  예 "결과 분석 과정에서 비약은 없는가?"

  "결과 분석에 대한 타당한 근거가 있는가?"

  "결과 분석으로 설명할 수 없는 부분이 없는가?"

  "분석이 빠진 부분은 없는가?"

  "실험 과정과 결과가 유기적으로 연결되어 있는가?"

  "실험 결과가 가설을 설명할 수 있는가?"

  "실험자의 주관적 의견이 포함된 결과 분석인가?"

• 짝의 질문에 답하면서 분석의 타당성을 확보할 수 있도록 자신의 결과 분석을 수정한다.

4 보고서
작성하기

• 보고서 작성 방법을 이해한다.

> **보고서 작성하기**
>
> - '서론-실험 설계-실험 수행-결과 분석-결론'의 순서로 작성한다.
> - 쉽게 이해할 수 있도록 간결하게 표현한다.
> - 수식어나 형용사 등의 사용을 줄이고, 정확한 데이터를 제시하여 신뢰성을 확보한다.
> - 가설, 실험, 결과, 결론 간의 일관성을 유지한다.

• **3** 단계에서 재작성한 실험 결과 분석을 바탕으로 보고서를 작성한다.

---

5 질문으로
보고서 검토하고
수정하기

• 보고서를 검토하기 위한 질문을 만든다.
  - **예** "표현은 적절한가?"
  "객관적으로 결과를 기술하였는가?"
  "자료를 인용하였을 때 출처를 표기하였는가?"
  "실험 결과와 결론을 함께 표현할 것인가, 구분할 것인가?"
  "실험 결과를 표로 나타낼 것인가, 그래프로 나타낼 것인가?"

• 질문에 답하면서 자신의 보고서를 스스로 검토하고 수정한다.

• 수정한 보고서를 짝과 바꾸어 읽고 이에 대해 서로 질문하고 답한다.

• 짝의 의견을 반영하여 자신의 보고서를 수정한다.

■ '포물선 운동을 정량적으로 설명할 수 있다.'라는 학습 목표를 가지고 고등학교 3학년 물리학 심화 수업에 이 활동을 적용하였습니다.

■ 이 수업에서는 '원반이 가장 멀리 날아가는 발사 각도는 45°이며, 바람이 부는 방향과는 상관없다.'라는 가설을 바탕으로, 원반의 발사 각도와 바람의 각도에 따른 수평 도달 거리를 시뮬레이션으로 계산한 데이터를 학생들에게 제시하였습니다. 이후 학생들은 데이터를 보고 질문을 만든 뒤 여기에 답하면서 실험 결과를 분석하였습니다. 자신의 분석을 검토하고 재작성하는 과정에서는 처음 작성한 분석이 완벽할 수 없다는 것을 안내하고, 자신의 분석 과정을 꼼꼼하게 검증하여 최대한 객관적이고 올바른 결론을 도출하는 것을 목표로 하도록 지도하였습니다.

■ 모든 글이 그러하듯 과학 보고서에서도 퇴고가 필요합니다. 보고서를 한 번 작성했다 하더라도 질문을 통해 퇴고하면서 자신의 오류나 부족한 부분을 확인하면 더 타당한 과정과 결론이 담긴 보고서를 쓸 수 있습니다. 이 활동에 참여했던 학생들도 질문을 통해 자신의 보고서를 검토하면서 보다 체계적이고 객관적인 보고서를 작성할 수 있었습니다. 다음은 학생들이 보고서를 작성하고 이를 수정하는 과정을 보여주는 사례입니다.

[처음 작성한 보고서]

1. 가설
원반이 가장 멀리 날아가는 발사 각도는 45°이며, 바람이 부는 방향과는 상관없다.

2. 실험 결과
① 수평 도달 거리가 큰 상위 40개 원반의 평균 발사 각도는 44.15°이다.
② 수평 도달 거리가 큰 상위 40개 원반의 바람의 각도의 평균은 160°이지만, 편차가 심하다.

③ 바람의 방향에 의해 원반이 받는 힘의 방향이 수평 도달 거리에 영향을 미친다.

3. 결과 분석 및 질문을 통한 가설 검증

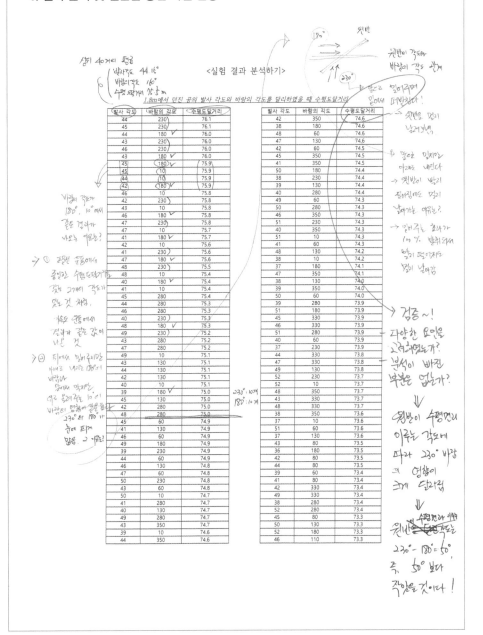

[질문을 통한 보고서 검증]

	질문	답변 / 이유
1	설계된 실험이 가설을 검증하고 있는가?	그렇다 / 조작 변인과 종속 변인이 적절하게 설정되어 있다.
2	조작 변인의 간격은 적당한가?	그렇다 / 최대 수평 도달 거리 부근만 보면 충분하다.
		아니다 / 발사 각도가 너무 한정되어 있다.
		→ 발사 각도를 0.5°, 바람의 각도를 2° 간격으로 변화시키며 시뮬레이션을 다시 실행해 본다.
3	변인 통제는 올바르게 설정되었는가?	그렇다 / 공의 운동에 영향을 주는 주요한 힘을 잘 선택했다.
		아니다 / 각도를 고정시키고 바람의 방향을 조절했어야 한다.
4	실험 결과가 객관적인가?	그렇다 / 변인 요소값과 결과값만 나와 있기 때문이다.
		아니다 / 반대 방향이라는 기준이 모호하다.
5	실험 결과를 분석하는 과정에서 비약은 없는가?	없다 / 바람의 각도가 영향을 주는 것은 확실하다.
6	실험 결과가 가설을 설명할 수 있는가?	아니다 / 가설이 틀렸다.
		아니다 / 변인을 잘못 설정하였다.
		→ 실험 결과를 바탕으로 새로운 가설을 설정하고, 이를 검증할 수 있는 새로운 시뮬레이션을 고안해 본다.
7	실험 결과를 표로 나타낼 것인가, 그래프로 나타낼 것인가?	그래프 / 전체적인 경향성을 보아야 한다.
8	실험 결과와 결론을 함께 표현할 것인가, 구분할 것인가?	구분 / 결과를 그래프로 제시하고, 그래프에 대한 분석을 그래프 아래에 정리하여 적는다.

[수정후 보고서]

1. 가설

원반이 가장 멀리 날아가는 발사 각도는 45°이며, 바람이 부는 방향과는 상관없다.

2. 실험 과정

① 바람의 속도가 2m/s인 상황에서 원반을 수평면과 30°를 이루게 하여 25m/s로 던졌을 때, 바람의 각도를 2°, 원반의 발사 각도를 0.5°씩 변화시키며 수평 도달 거리를 시뮬레이션하였다.

② 최대 수평 도달 거리를 갖는 바람의 각도와 원반의 발사 각도를 조사한다.

③ 바람이 불지 않는 상황에서의 최대 수평 도달 거리와 바람이 부는 상황에서의 최대 수평 도달 거리를 비교하여 바람의 영향을 정성적으로 분석한다.

④ 원반의 발사 각도를 44°로 고정시키고, 바람의 각도를 2°씩 변화시키며 바람의 방향과 최대 수평 도달 거리의 관계를 정성적으로 분석한다.

3. 실험 결과

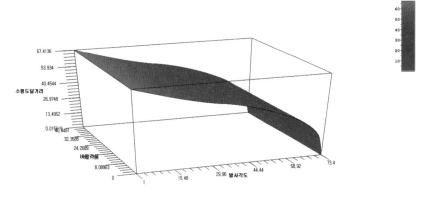

① 바람의 방향이 원반을 위로 떠받치고 앞쪽으로 힘을 가할 때, 원반의 수평 도달 거리는 증가한다.

② 원반의 발사 각도와 바람의 각도는 서로 영향을 주고받는다. 가장 이상적인 상황은 원반이 수평면과 40°를 이루고, 원반의 발사 각도는 44°, 바람의 속력은 2m/s, 바람의 각도는 180°인 상황이다.

③ 수평 방향의 속력과 체공 시간의 영향으로, 이론적으로는 원반을 45°로 던졌을 때 최대 수평 도달 거리를 갖는다. 시뮬레이션 결과에서도 최대 수평 도달 거리를 갖는 원반의 발사 각도는 40°~50°로, 대체로 일정하다.

■ **제시된 데이터에서 결과를 도출하기 힘들어할 때** 다양한 자료가 복합적으로 제시될 경우 어떤 것을 중점적으로 봐야 할지 판단하기 어려울 수 있습니다. 이럴 때는 가설에서 조작 변인과 종속 변인이 무엇인지를 확인하게 하고, 둘 사이의 관계가 자료에서 어떻게 나타나는지 찾아보도록 도움을 주어야 합니다.

■ **결과를 제시하는 방식을 고민할 때** 실험 결과는 그래프, 표, 그림 등 다양한 방법으로 제시할 수 있습니다. 그런데 학생들이 이 중 어떤 방법을 선택하는 것이 좋을지 헷갈려 할 수 있습니다. 이때는 자신이 생각하는 표현 방법을 2~3개로 나타낸 뒤, 모둠원과 함께 의논하여 독자가 이해하기 쉽고 결과에 대해 명확하게 설명해 주는 표현 방식을 채택하여 보고서를 작성하도록 지도합니다.

■ **논리적 비약이 있는데도 발견하지 못할 때** 학생들이 논리적 비약을 스스로 발견하지 못한다면 친구와 함께 질문하는 '실험 결과 검증하기', 자기 스스로 질문하는 '질문하며 보고서 검토하기' 등을 주요 활동으로 설정하고, 상대적으로 많은 시간을 할애하여 논리적 사고력을 키우는 수업으로 구성할 수 있습니다.

■ 탐구 보고서를 작성하는 모든 과정에서 질문을 활용한 수업을 구성할 수 있습니다. 예를 들어, 가설 검증을 위한 실험 설계, 수행한 실험을 정리할 때 필요한 요소 등을 스스로 질문하며 글을 쓰는 수업으로 진행할 수도 있습니다.

■ 잘 쓴 보고서와 잘 쓰지 못한 보고서를 예시로 제시하고, 좋은 부분에 대해 서로 칭찬하거나 부족한 부분에 대해 대안을 제시하는 방향으로 수업을 진행할 수 있습니다. 이 과정에서 필요한 질문을 선생님이 제시해 줄 수도 있지만, 학생들 스스로 좋은 보고서가 갖추어야 할 요건들에 대해 토의하고 여기에서 나온 질문들을 자신의 보고서에 반영해 보는 형태로 수업을 구성할 수도 있습니다.

질문하며 탐구 보고서 쓰기

학년   반   번 이름:

1 **아래 자료를 보며 탐구 보고서를 작성하는 순서를 이해해 봅시다.**

문제 인식	가설 설정	실험 설계	실험 수행	결과 분석 · 정리	결론 및 제언
현상이나 사물을 관찰하며 질문하기	질문에 대한 잠정적인 답 만들어 보기	가설을 확인하기 위한 실험을 설계하기	설계한 실험을 직접 해 보기	실험에서 나온 결과를 분석하고 표나 그래프 등으로 정리하기	가설에 대한 검증 및 결론 도출, 새로운 가설이나 실험 제안하기

2 **자신이 평소 갖고 있던 질문을 바탕으로 과학 탐구를 진행하였을 때, 각각의 단계에 맞는 활동이나 예상 결과를 적어 봅시다.**

문제 인식	가설 설정	실험 설계	실험 수행	결과 분석 · 정리	결론 및 제언

3 실험 결과를 읽고 분석해 봅시다.

가설	

① 제시된 실험 결과를 분석해 봅시다.

② 어떤 데이터에 의해 그러한 결과를 도출할 수 있는지 적어 봅시다.

4 제시된 질문을 하며 (또는 자신이 새롭게 결과 분석에 대한 질문을 만들어 답하며) 결과 분석을 합리적으로 수정해 봅시다.

	질문	답변 / 이유
1	설계된 실험이 가설을 검증하고 있는가?	
2	조작 변인의 간격은 적당한가?	
3	변인 통제는 올바르게 설정되었는가?	
4	실험 결과가 객관적인가?	
5	실험 결과를 분석하는 과정에서 비약은 없는가?	
6	실험 결과가 가설을 설명할 수 있는가?	
7	실험 결과를 표로 나타낼 것인가, 그래프로 나타낼 것인가?	
8	실험 결과와 결론을 함께 표현할 것인가, 구분할 것인가?	
9		

◣ Part 5

질문하며 살기

01

질문으로 나와 친구를 이해하기

- 나의 공부에 질문을 던지다
- 나의 감정 돌보기
- 친구야! 너를 알고 싶어

나의 공부에 질문을 던지다

학습에 어려움을 겪는 학생들은 많지만, 왜 자신이 학습을 어려워하는지 생각해 보는 학생들은 많지 않습니다. 학습의 어려움을 해결하기 위해서는 우선 자신의 학습 과정을 점검할 필요가 있습니다. 학습 과정에서 내가 아는 것과 모르는 것을 구분하고, 무엇을 어떻게 배워 나가야 할지 스스로 질문을 던지면서 답을 찾아갈 때, 자신과 자신의 앎에 대해 더 잘 인식할 수 있습니다. '나의 공부에 질문을 던지다'는 질문을 통해 자신의 학습을 점검하는 활동입니다. 이 활동을 하면서 학생들은 자신의 학습 방법을 인식하고 문제점을 발견하며 스스로 그 문제를 해결하는 힘을 키울 수 있습니다.

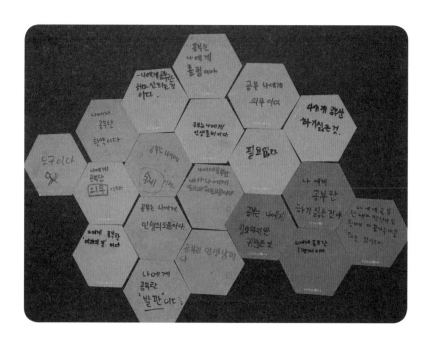

1 **학습 점검 경험 확인하기**
- 자신의 학습 과정을 돌아본 적이 있는지 OX로 답한다.

2 **학습 점검 질문의 필요성 알기**
- 일상생활에서 자신의 노력과 결과가 달랐던 경험을 예로 들면서, 좋은 결과를 얻기 위해서는 어떻게 해야 할지 떠올린다.

  (예) 음식을 열심히 만들었지만 맛이 없었던 경험

- 학습 결과가 자신이 노력한 만큼 나오지 않았을 때 그 과정을 점검하는 것이 필요함을 이해한다.

- 학습 과정을 점검하는 효과적인 방법으로 질문을 활용할 수 있음을 이해한다.

3 **학습 점검 질문 떠올리기**
- 각자 학습 점검 질문을 3개씩 만든다.

  (예) "공부할 내용에 대해 이미 알고 있는 것이 있을까?"

  "공부하면서 더 알고 싶은 것은?"

  "공부한 것을 어디에 활용할 수 있을까?"

  "이 공부를 잘하기 위해서 더 읽어야 할 것은 무엇일까?"

  "공부한 내용이 잘 이해되지 않으면 어떻게 하지?"

4 **학습 점검 질문 분류하기**
- 학습 과정을 세 단계(시작-진행-마무리)로 나누고, 각 단계마다 학습을 점검할 수 있는 질문에는 어떤 것이 있을지 생각하여 적어본다.

> 학습을 시작하면서
> 내가 왜 이것을 배워야 하는지, 이미 내가 알고 있는 것과 새로 배워야 할 것이 무엇인지 살펴볼 수 있는 질문

학습을 진행하면서

공부가 잘 되는지, 내가 공부하고 있는 방법이 적절한지 확인할 수 있는
질문

학습을 마무리하면서

내가 학습 내용을 잘 이해했는지 파악하거나, 잘 이해하지 못했다면 어떻게
해야 하는지 방법을 찾을 수 있는 질문

- 모둠별로 모여 각자 만든 질문을 학습 과정(시작-진행-마무리)에
따라 분류한다.

5 질문으로
학습 점검하기

- 모둠별로 만든 학습 점검 질문으로 자신의 학습을 점검한다.

- 각자 점검한 결과를 모둠원과 함께 이야기한다.

6 나의 학습 다짐
적어 보기

- 학습 점검 결과를 바탕으로 자신에게 어떤 점이 부족한지 생각하고,
이에 대한 나의 다짐을 각자 적어 본다.

  예 나는 공부하다가 궁금한 점이 생겨도 그냥 넘어간다.

  → [나의 다짐] 수업 중 궁금한 점 바로 질문하기

■ 중학교 2, 3학년 학생들을 대상으로 국어 시간에 자신의 학습 과정을 성찰하는 질문을 구성하고 이를 활용하여 학습을 점검한 뒤, 부족한 점을 보완할 수 있는 방법을 생각해 보게 하였습니다.

■ 학생들이 질문을 만들 때 학습 과정을 점검하는 질문과 학습 내용을 묻는 질문을 구별하게 하였습니다. 또한 학습 과정을 '시작-진행-마무리'로 구분하고 각 단계마다 학습을 점검할 수 있는 질문을 각자 생각하여 만들어 보도록 하였습니다. 이후 모둠별로 질문을 모아 이러한 구분에 따라 분류하도록 하였습니다. 다음은 학생들이 만든 질문의 예입니다.

> 학습을 시작하면서
> "이것을 배워서 어디에 쓸 수 있을까?"
> "이 내용과 관련하여 얼마나 알고 있는가?"
> "배울 내용에 대해 궁금한 점이 있는가?"
>
> 학습을 진행하면서
> "공부하면서 딴생각을 하지는 않는가?"
> "공부하면서 잘 모르는 것이 생겼을 때 어떻게 하는가?"
> "내용을 정리하면서 공부하고 있는가?"
>
> 학습을 마무리하면서
> "배운 내용을 다 이해하고 있는가?"
> "내용을 잘 이해하지 못했다면 무엇 때문인가?"
> "오늘 배운 내용을 다른 곳에 적용할 수 있을까?"

■ 왜 학습 과정을 점검해야 하는지를 모를 때 학생들은 대개 자신의 학습 과정을 점검한 경험이 없습니다. 그러므로 먼저 간단한 사례나 일화를 활용하여 학생들

에게 학습 과정 점검의 필요성을 설명하는 것이 좋습니다. 예를 들어, 컴퓨터 게임을 하고 나서 이기거나 진 이유를 분석하고 잘한 점과 부족한 점을 생각하는 것이 다음 게임에서 이기는 데 도움이 됩니다. 이러한 사례를 제시하여 학습도 게임과 마찬가지로 목표에 도달하기 위해서는 과정에 대한 점검이 필요하다는 것을 이해하도록 도와줍니다.

▨ **학습 점검 질문의 대상이 되는 '학습'의 범위를 모를 때** 학생이 '학습'의 범위를 몰라서 질문할 수도 있습니다. 학습에는 집에서 스스로 하는 공부도, 학교에서 수업 시간에 하는 공부도 포함됩니다. 수업 시간에 국한해서 보면 학습은 좁게는 한 시간의 수업이 될 수도 있고, 넓게는 단원 전체가 될 수도 있습니다. 이처럼 학습의 범위가 다양할 수 있으므로 선생님이 이를 분명하게 정해 주고, 그 범위 안에서 학습 점검 질문을 만들도록 안내해야 합니다.

이렇게도 할 수 있어요

▨ 질문을 문장의 형태로 만들기 어려워하는 학생들에게는 자신이 공부하는 모습을 그림으로 표현하게 한 뒤, 이를 바탕으로 질문을 만들어 보게 할 수 있습니다. 또는 학습 과정에서 자신의 부족한 점을 찾고, 이를 보완하기 위해 무엇을 할 수 있는지를 그림과 질문으로 표현하게 할 수 있습니다.

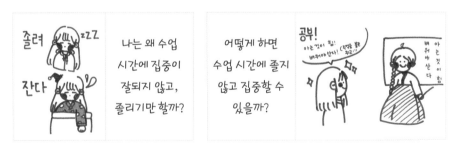

▨ 학생들에게 학습의 의미를 생각하게 하는 활동으로 "나에게 공부란 [   ] 이다."라는 문장의 빈칸에 들어갈 말을 쓰게 할 수도 있습니다. 빈칸에 들어갈 말을 적고, 그렇게 적은 이유를 모둠원과 공유하면서 학생들은 학습에 대해 자신이 평소에 어떻게 생각하고 있는지 인식할 수 있습니다.

"나에게 공부란 졸림 이다."

"나에게 공부란 의무 이다."

"나에게 공부란 하기 싫은 것 이다."

"나에게 공부란 필요하지만 귀찮은 것 이다."

"나에게 공부란 인생의 도움 이다."

"나에게 공부란 발판 이다."

"나에게 공부란 미래의 길 이다."

"나에게 공부란 한약 이다."

이런 게 좋아요

"저는 공부가 잘 안 될 때 이를 해결해야 한다는 생각을 잘 하지 않았다는 것을 알게 되었습니다. 또한, 질문을 통해 공부하는 나를 객관화해서 그 과정을 점검할 수 있음을 알았습니다."

나의 감정 돋보기

학생들은 자신이 느낀 감정에 대해 잘 모르고 지나칠 때가 많습니다. 하지만 자신의 감정을 잘 이해할 수 있다면 자기 자신에 대해 더 잘 알게 될 뿐 아니라 타인의 감정도 더 잘 헤아릴 수 있습니다. 학생들이 자신의 감정에 대해 왜 그렇게 느꼈는지 질문하고 그 안에 숨어 있던 감정을 들여다본다면 자신의 감정을 더 잘 이해하고 표현할 수 있지 않을 까요? '나의 감정 돋보기'는 감정을 나타내는 단어를 활용하여 질문을 만들고 답하면서 학생이 스스로 자신의 감정을 파악해 보는 활동입니다. 질문으로 감정을 섬세하게 분석 하는 경험은 자신의 감정을 되돌아보고 이를 분명하게 알 수 있는 계기가 될 것입니다.

누구와 있을 때 행복할까?
언제 행복할까?
무엇을 할 때 행복할까?
어디에 있을 때 행복할까?
어떻게 할 때 행복할까?
왜 행복할까?

↓

나는 밴드반에서 키보드를 연주 하며 친구들 앞에서 공연을 할 때 행복합니다. 친구들의 함성과 박수가 있기 때문입니다. 가끔 키보드를 잘못 눌러 실수할 때도 부끄럽기도 하지만 남들 앞에서 공연을 할 수 있어 뿌듯합니다.

1 자신의 감정을 나타내는 단어 선택하기

- 선생님이 제시하신 단어 목록에서 자신이 최근에 느낀 감정을 가장 잘 나타내는 단어를 선택한다.

- 선택한 단어를 이용하여 자신의 감정을 한 문장으로 표현한다.

  예 나는 너무 졸린 게 고민이다.

  나는 머리를 예쁘게 할 때 행복하다.

  나는 시험에서 다양한 실수를 끊임없이 해서 슬프다.

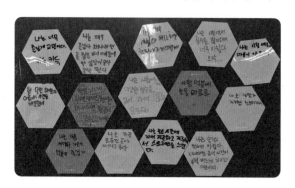

2 육하원칙을 활용하여 질문 만들기

- 앞에서 작성한 문장과 그에 담긴 감정에 대해 육하원칙(누가, 언제, 어디서, 무엇을, 어떻게, 왜)을 활용하여 질문을 만들어 본다.

  예 [감정] 나는 머리를 예쁘게 할 때 행복하다.

  [질문] "머리를 예쁘게 하고 누구와 만날 때 행복한가?"

  "언제 머리를 예쁘게 하고 싶은가?"

  "어디에 갈 때 머리를 예쁘게 하는가?"

  "머리를 예쁘게 하고 무엇을 할 때 행복한가?

  "어떻게 머리를 예쁘게 하는가?"

  "머리를 예쁘게 하면 왜 행복한가?"

3 만든 질문에 답하기

- 자신의 감정을 돌아보며 **2** 단계에서 만든 질문에 구체적으로 답을 적는다.

  예 [감정] 나는 머리를 예쁘게 할 때 행복하다.

  [질문] "머리를 예쁘게 하고 누구와 만날 때 행복한가?"

  └ 친구

  "어떻게 머리를 예쁘게 하는가?"

  └ 고데기(전기 머리 인두)로 머리를 만다.

4 질문으로
숨은 감정 찾기

• 선생님의 시범을 보고, 자신의 감정 속에 숨어 있는 또 다른 감정을 질문으로 찾는 방법에 대해 이해한다.

선생님의 시범

[감정]

나는 시험에서 다양한 실수를 끊임없이 해서 슬프다.

[질문과 답변]

"겉으로 드러난 감정은?" → 슬프다

"'실수'라는 표현에 숨어 있는 감정은?" → 아쉬움

"'아쉬움'을 느낀 이유는?" → 자신의 능력에 대한 믿음

"'다양한, 끊임없이'라는 표현에 숨어 있는 감정은?" → 나에 대한 짜증과
　　실망감

"'나에 대한 짜증과 실망감'을 느낀 이유는?" → 실수 때문에 좋지 않은
　　결과가 반복되어서

"'슬픔'과 관련된 다른 사람의 감정은?" → 부모님의 실망

[찾아낸 숨은 감정]

숨은 감정 ①: 시험을 잘 볼 수 있었는데 어이없는 실수로 답을 틀려서
　　　　　　　아쉽다.

숨은 감정 ②: 나는 능력이 있는데도 실수를 반복해서 성적이 나쁘게 나와
　　　　　　　짜증이 난다. 그리고 나 자신에 대해 실망한다.

숨은 감정 ③: 부모님이 기대를 많이 하셨는데 이번 결과를 보고 실망을
　　　　　　　많이 하신 것 같다. 내가 실수를 많이 해서 기대를 충족시켜
　　　　　　　드리지 못했다.

• 질문을 통해 자신의 감정 속에 숨어 있는 또 다른 감정을 찾아본다.

5 자신의 감정을
글과 그림으로
표현하기

• 질문으로 파악한 자신의 감정을
글과 그림으로 표현한다.

예 "나는 친구와 함께 고데기로
머리를 말면서 예뻐지는 모습을
볼 때 행복합니다. 예뻐지면 내가
좋아하는 그 친구가 나를 더
좋아할 테니까. 하지만 가끔은
학교에서 선생님 몰래 하다
들킬까 봐 가슴이 조마조마해지기도 합니다."

■ 이 활동은 "질문을 통해 자신의 감정을 정확하게 이해함으로써 자신을 더 알게 되는 것"을 학습 목표로 중학교 2학년 국어 시간에 적용해 보았습니다. 학생들은 보통 자신의 감정을 한 문장으로 표현하는 데 어려움을 겪기 때문에, 먼저 감정에 관한 단어 목록을 제시해 주었습니다. 학생들은 목록에서 자신의 감정을 나타내는 단어를 선택하고, 이 단어를 활용해서 자신의 감정을 한 문장으로 표현하였습니다. 다음은 학생들이 자신의 감정을 표현한 문장들입니다.

> "시험 때문에 눈물 와르르"
> "나는 정말로 지루한 친구이다."
> "나는 휴식 시간이 무척 빠르게 지나가서 솔직히 아쉽다."
> "나는 뭘 써야 할지 고민하기 때문에 주변을 느리게 두리번두리번 돌아본다."
> "나는 늦은 시간에 자서 피곤하고 지루해서 스트레스를 느낀다."

■ 자신의 감정을 드러내면서 그 이유까지 구체적으로 표현한 학생도 있지만, 모호하게 서술한 경우도 많았습니다. 모호하게 작성된 감정 표현을 구체화하기 위해서 그 감정을 느낀 순간에 대해 육하원칙을 이용한 질문을 만들고 이에 답해 보게 하였습니다. 다음으로는 자신이 느낀 감정에 숨어 있는 다른 감정이 없는지 질문을 활용하여 찾아보도록 했습니다. 학생들은 겉으로 드러난 감정이 무엇인지, 그 감정의 이유가 무엇인지, 이유가 해결되었을 때 감정이 어떻게 변화할지, 자신과 관련된 사람의 감정이 어떨지 등에 대한 질문을 만들고 이에 답해 보면서 '숨은 감정'을 찾을 수 있었습니다.

■ 마무리 활동으로 학생들은 자신의 감정을 글과 그림으로 표현하였습니다. 다음은 그 결과입니다.

"나는 배구반 친구들과 함께 체육관에서 배구를 할 때 행복합니다. 배구공이 원하는 방향으로 날아가 상대방 코트에 내리꽂힐 때 기쁨의 감정이 솟구칩니다. 경기가 뜻하는 대로 풀리지 않아서 지게 되면 속이 상하기도 합니다."

"나는 침대에 누웠을 때 행복합니다. 나만의 공간에서 하루를 마무리하며 누구의 간섭도 받지 않는 그 순간을 좋아합니다. 좋아하는 게임을 하거나 유튜브를 보면서 스르르 잠드는 기분이 좋습니다. 어떨 때는 오히려 잠이 들지 못해 너무 피곤하게 만들어서 힘들기도 합니다."

이럴 때는 이렇게

▶ **'단어 목록'의 단어로는 감정을 표현하기 어렵다고 할 때** 단어 하나만으로 자신의 마음을 온전하게 표현하기는 어려울 수 있습니다. 이때는 국어의 기본 문장 구조는 '주어+목적어+서술어'이며 주어, 목적어, 서술어 앞에 수식하는 말이 올 수 있음을 설명합니다. 그리고 선생님이 감정을 나타내는 단어 목록에서 단어를 선택하여 문장 성분에 하나씩 추가하면서 감정이 구체화되는 과정을 보여 주면 학생들이 감정 표현에 쉽게 다가갈 수 있습니다.

▶ **숨은 감정을 찾는 질문을 만들기 어렵다고 할 때** 감정은 하나로 존재할 수도 있지만 여러 감정이 함께 나타나기도 합니다. 하나의 뚜렷한 감정은 잘 찾을 수 있지만, 그 감정에 덧붙거나 숨겨진 또 다른 감정을 찾는 것은 쉽지 않습니다. 이럴 때에는 복합적인 상황을 제시하고 그 상황에서 느낄 수 있는 감정을 떠오르는 대로 모두 표현하게 하는 것이 도움이 됩니다. 또는 겉으로 드러난 감정의 이유, 감정을 변화시킬 방법, 감정을 느끼게 하는 인물이나 사물과의 관계, 주변 대상과의 관계 등을 고려하여 질문을 만들고 답하게 할 수도 있습니다.

▪ 학생들이 감정을 구체화시킬 때, 나의 모습을 빗대어 표현할 수 있는 사물이나 자신의 마음 상태를 드러내는 색깔을 찾는 질문을 해 보도록 할 수 있습니다. 그리고 그러한 사물이나 색깔이 그때의 나의 감정과 비슷하다고 생각한 이유에 대해 말해 보도록 합니다. 또한, 감정을 나타내는 이모티콘이나 '#나는_고민_중'과 같은 해시태그 등을 사용하여 자신의 감정을 다양한 방식으로 구체화하게 할 수도 있습니다.

▪ 질문을 통해 자신의 감정 사전을 만드는 활동을 할 수 있습니다.

감정 표현	부끄럽다
사전적 의미	1. 일을 잘 못하거나 양심에 거리끼어 볼 낯이 없거나 매우 떳떳하지 못하다. 2. 스스러움을 느끼어 매우 수줍다.
이 감정을 느끼는 상황	• '이상한 옷을 입고 와서 부끄럽다.'

비슷한 상황	• '좋아하는 친구 앞에서 넘어져서 부끄럽다.'
	  → 좋아하는 사람에게 좋은 모습을 보이지 못해 얼굴이 붉게 변하는 마음.
	• '선생님께 거짓말한 것이 드러나 부끄럽다.'
	  → 잘못된 행동을 해서 어디든지 숨어 버리고 싶은 마음.

감정 사전에 들어갈 내용을 만들기 위한 질문은 다음과 같습니다. 필요에 따라 추가적으로 다른 질문을 할 수 있습니다.

- 자신이 선택한 감정을 국어사전에서는 어떻게 설명하고 있는가?
- 국어사전의 여러 의미 중에서 자신의 감정과 비슷한 것은 무엇인가?
- 선택한 감정을 느꼈던 순간은 언제이고 어떤 상황이었는가?
- 그 상황을 사진이나 그림 등으로 표현하면 어떻게 될까?
- 선택한 감정을 느꼈던 순간과 비슷한 순간은 어떤 상황인가?

사전을 혼자서도 만들 수 있지만 모둠 활동으로 공동 창작할 수도 있습니다. 공동 창작의 경우, 모둠원이 각자 한두 개씩 감정 표현을 맡아 작성한 뒤 합쳐서 하나의 사전을 만들 수도 있고, 사전에 담을 감정 표현들을 함께 결정한 뒤 서로 의견을 공유하면서 만들 수도 있습니다. 이렇듯 함께 감정 사전을 만들면, 같은 감정이라 하더라도 사람에 따라 느끼는 상황이 다르다는 것을 깨달을 수 있습니다.

■ 특정한 상황에 이입하여 자신의 감정을 찾아볼 수도 있습니다. 선생님이 여러 상황을 제시해 주고, 학생이 이 중 하나를 고릅니다. 그리고 그 상황의 주인공 이 된다면 어떤 감정을 느낄지 스스로 질문해 보도록 합니다. 마지막으로, 자 신이 고른 상황에 처한 '나'의 모습을 다른 사물에 빗대거나 색깔로 표현해 봅 니다.

선생님이 제시한 상황	학생이 스스로 한 질문	학생이 만든 표현
• 사람이 많은 거리에서 넘어졌을 때 • 좋아하는 사람에게 고백했는데 차였을 때 • 새로 산 핸드폰을 떨어뜨려 액정이 파손되었을 때 • 새로 산 흰색 신발을 누가 밟았을 때	"그 상황의 내 모습을 잘 드러낼 수 있는 사물은 무엇인가?" "그 상황의 내 마음을 색깔로 표현한다면 어떤 색일까?"	• 얼굴이 붉은 홍당무처럼 되었다. • 흔들리는 나무처럼 마음의 갈피를 잡을 수 없었다. • 머릿속이 하얗게 변했다. • 투명해지면서 내 속마음이 그대로 드러났다.

이런 게 좋아요

"나도 내 마음을 알 수 없었는데, 질문으로 나의 감정을 쪼개어 보았더니 나의 감정 에 대해 잘 알 수 있었습니다. 시를 감상할 때 인물들의 감정을 파악하는 데에도 도 움이 되었습니다."

감정 표현에 활용할 수 있는 단어 목록

간절하다	강하다	거절하다	걱정하다
건강하다	견디다	고맙다	고민하다
그립다	기다리다	기대되다	기막히다
기발하다	기쁘다	끝내다	낯설다
너그럽다	넓다	놀라다	느리다
다양하다	당당하다	돌아보다	따라하다
따스하다	떠나다	떠맡다	뛰어나다
뜨겁다	맛있다	멀어지다	멈추다
멋지다	무뚝뚝하다	무시하다	미루다
반갑다	밝다	방황하다	버리다
변하다	부드럽다	분명하다	불안하다
빠져들다	사랑스럽다	상냥하다	새롭다
세련되다	소중하다	쉽다	시도하다
신중하다	아쉽다	아프다	없다
엉뚱하다	예쁘다	이상하다	잃다
재미있다	재치 있다	좋다	즐겁다
지루하다	짓궂다	차갑다	참다
천진난만하다	특별하다	편안하다	포기하다
화나다	환상적이다		

친구야! 너를 알고 싶어

친구와 친한 사이임에도 그 친구의 성격이나 취향에 대해 잘 알지 못하거나 무심할 때가 많습니다. '친구야! 너를 알고 싶어'는 친구를 알 수 있는 질문을 만들고 이를 활용하여 보드게임을 하면서 친구가 어떤 사람인지 이해하는 활동입니다. 좋아하는 음식을 묻는 질문부터 위급한 상황에서 어떻게 대처할지 물어보는 질문 등 친구의 생각과 가치관이 드러나는 질문을 만들어 서로 묻고 답하도록 합니다. 이 활동을 통해 친구를 더 많이 이해하고 자신과 친구 사이의 연결 고리를 만들어 나갈 수 있습니다.

1 친구와
함께 한 일
떠올리기

• 오늘 하루 동안 친구와 함께 한 일을 떠올린다.

　🅰 화장실 갈 때 같이 감. / 이동 수업 시 같이 움직임. / 급식을 같이 먹음. /
　시험 준비를 위해 공책을 빌려줌. / 친구의 걱정을 들어줌. /
　친구에게 짜증을 냄.

• 친구가 나에게 어떤 존재인지 돌아보고, 친구의 소중함을 생각한다.

2 친구를
알기 위한
질문 만들기

• 친구를 이해하는 데 필요한 여러 가지 질문을 만든다.

　🅰 **친구의 기호를 묻는 질문**

　"중국집에서 식사를 주문한다면 자장면, 짬뽕, 볶음밥 중에서 무엇을
　선택할래?"

　"영화관에서 코미디, 액션, 애니메이션 영화를 상영한다면 뭘 볼래?"

　친구의 성격을 알 수 있는 질문

　"집에 불이 났는데 딱 한 가지 물건만 가지고 나갈 수 있어. 그러면 너는
　무엇을 가지고 나올 거니?"

　"억울한 일을 당했는데 부모님이나 선생님이 너를 오해하고 있어. 그러면
　너는 어떻게 할 거니?"

• 만든 질문을 붙임쪽지에 적는다.

3 질문으로
보드게임하기

• 3~4명으로 모둠을 구성한다.

• 모둠원의 질문 붙임쪽지를
모아 보드게임판에 붙이고,
게임을 할 순서를 정한다.

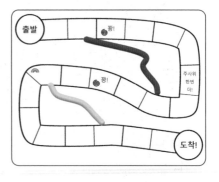

• 자기 차례가 오면 주사위를
던져 말을 옮기고, 옮긴
자리에 붙어 있는 질문에
답한다.

• 자기 차례가 아닐 때에는 친구의 답을 경청하면서 친구에 대해
이해한다.

4 친구를
소개하는
표현 만들기

• 앞의 활동을 통해 알게 된 친구의 여러 특징 중에서 재미있거나
칭찬하고 싶은 점을 골라 친구를 소개하는 문구나 캐릭터를 만든다.

▶ 이 활동은 '나와 친구의 관계를 생각해 보고, 친구에 대해 더 이해한다.'라는 학습 목표를 바탕으로 중학교 2학년 국어 시간에 적용하였습니다. 해당 차시의 수업이 다양한 관점으로 대상을 바라보는 것을 주요 내용으로 하고 있었기 때문에 나와 친구의 생각을 비교하는 활동을 중심으로 수업을 진행하였습니다.

▶ 학생들은 먼저 친구와 함께한 일을 떠올리면서 친구가 나에게 어떤 존재인지 생각하였습니다. 다음으로 각자 붙임쪽지에 친구의 성격이나 취향을 알 수 있는 질문을 작성하였습니다. 학생들은 주로 특정 대상에 대한 취향을 묻거나 양자 선택형의 단순한 질문을 만들었습니다. 이러한 질문은 생각을 분명하게 드러내 주기는 하지만, 친구를 더 깊이 이해하기에는 어려움이 있습니다. 따라서 선생님의 지도를 통해 더 깊이 있는 질문도 만들 수 있도록 유도하였습니다. 다음은 학생들이 친구를 알기 위해 만들었던 질문의 예입니다.

> "내가 한 일 중에서 가장 나쁜 일은 뭐니?"
> "학교 복도에서 돈을 주웠다면 어떻게 할 거니?"
> "식당에서 젓가락 밑에 휴지를 까니, 깔지 않니?"
> "친구랑 같이 혼이 났어, 그럴 때 너는 친구 탓을 하니?"
> "화장실에 갔는데 마침 화장지가 없으면 너는 어떻게 하니?"
> "내가 좋아하는 사람을 친구도 좋아한다면 어떻게 할 거니?"
> "감기로 아플 때 바로 약을 먹니, 참을 수 있을 때까지 참니?"
> "급식을 먹을 때 좋아하는 음식을 먼저 먹을까, 나중에 먹니?"
> "다리가 너무 아픈데 임산부석이 비어 있을 때 어떻게 할 거니?"
> "치약을 거의 다 썼을 때 끝까지 짜서 쓰니, 아니면 새 치약을 꺼내니?"
> "바닷가에서 신발에 모래가 들어갈 때 신발을 벗니, 아니면 그냥 신니?"
> "약속을 잡을 때 장소를 먼 곳으로 정하니, 아니면 가까운 곳으로 정하니?"
> "지하철이나 버스에 앉아 있는데 할아버지나 할머니가 오셨어, 어떻게 하니?"
> "친구들과 밖에서 노는 것을 좋아하니, 아니면 집에 혼자 있는 것을 좋아하니?"

■ 각자 질문을 작성한 뒤에는 3~4명씩 모둠을 구성하였습니다. 그리고 모둠별로 질문 붙임쪽지를 보드게임판의 빈칸에 붙여 보드게임판을 완성하였습니다. 학생들은 게임을 하면서 자기가 만든 질문에 친구들이 어떻게 반응할까 신경 쓰기도 하고 곤란한 질문이 나왔을 때에는 쑥스러워하기도 했지만, 전반적으로 친구들의 이야기를 즐겁게 들어주는 분위기에서 게임을 진행하였습니다. 흥미를 더하기 위해 보드게임의 도착 지점에 먼저 도착한 학생들에게 간식을 주기도 했습니다.

■ 마지막 단계에서는 보드게임을 통해 얻은 정보를 바탕으로 자신의 친구를 시각적으로 표현하거나 친구의 특징을 잘 드러내는 문구를 만들어 보게 하였습니다. 핸드폰 카메라로 친구의 사진을 찍고 앱을 이용하여 이를 꾸며 보게 할 수도 있습니다. 다음은 학생들이 그린 친구의 모습입니다.

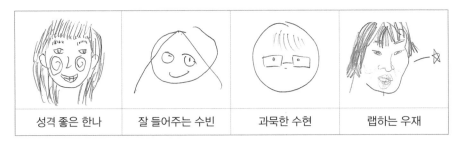

| 성격 좋은 한나 | 잘 들어주는 수빈 | 과묵한 수현 | 랩하는 우재 |

이럴 때는 이렇게

■ **보드게임판에 질문을 다 채우지 못할 때** 보드게임판에 채워야 하는 질문은 16개 남짓입니다. 4명이 하나의 모둠을 구성한다면 각자 4개의 질문을 만들어야 하는데, 어떤 학생들은 여러 개의 질문을 만들기 어려워하기도 합니다. 이 경우에는 선생님이 질문들을 미리 준비해 놓고, 이를 한두 개 가져갈 수 있는 '찬스'를 마련해 두는 것도 좋습니다. 만약 모둠별로 만들어진 질문 개수에 차이가 많이 난다면, 먼저 보드게임판을 완성한 모둠에서 진행이 더딘 모둠에 지원자를 1명 보내 아이디어를 제공하게 할 수도 있습니다.

■ **보드게임의 질문이 익숙해서 흥미를 잃을 때** 모둠별로 만든 보드게임판에는 자

신이 만든 질문도 많이 들어가 있기 때문에, 학생에 따라서는 질문을 식상하게 느껴 게임을 지루해할 수도 있습니다. 이런 경우에는 모둠별로 완성한 보드게임판을 다른 모둠과 교환하여 게임을 진행하도록 합니다. 그러면 질문의 의외성이 높아져 학생들이 더 즐겁게 활동에 임할 수 있습니다.

▣ 보드게임에서 가장 먼저 도착한 사람이 생기면 게임이 끝났다고 할 때 한 사람만 도착해도 게임이 종료된다면 많은 질문에 대한 답을 들을 수 없습니다. 이 활동은 먼저 도착하는 것이 중요한 것이 아니라, 많은 학생들이 질문에 답하는 것이 주된 목적이기 때문에 모둠원 모두가 도착할 때까지 게임을 지속할 수 있도록 해야 합니다.

이렇게도 할 수 있어요

▣ 보드게임을 할 때 주사위 대신 가위바위보를 활용할 수 있습니다. 가위바위보는 주사위보다 나올 수 있는 숫자가 작아 학생들이 더 많은 질문에 답할 수 있습니다. 예를 들어, 모둠원 전체가 가위바위보를 하여 이긴 친구만 말을 전진하도록 합니다. 또는 '가위로 이기면 1칸 전진, 바위로 이기면 2칸 전진, 보로 이기면 3칸 전진, 모두 비기면 1칸 후진'처럼 다양한 조건을 제시하면 흥미를 높이면서도 모든 친구들이 고르게 질문에 답할 수 있습니다.

▣ 스피드 퀴즈를 활용하여 친구에 대해 더 잘 알아볼 수도 있습니다. 스케치북에 친구들의 이름을 적고, 이를 설명하는 모둠과 정답을 맞히는 모둠으로 나누어 퀴즈를 진행합니다. 친구를 설명할 때에는 이름이나 별명과 같이 친구를 바로 특정할 수 있는 표현을 사용하지 않도록 합니다. 친구에 대한 설명을 잘 듣다 보면 친구들이 나를 어떻게 생각하는지, 내가 알고 있는 친구를 다른 친구들은 어떻게 설명하는지 알 수 있습니다. 또한 친구를 설명할 때 너무 민감한 정보를 말해서는 안 된다는 점을 학생들과 사전에 공유하는 것이 좋습니다. 문제가 될 수 있는 설명을 선생님이 직접 알려 주어도 좋지만, 학생들이 직접 논의해 본다면 친구 사이에서 무엇을 조심해야 할지 알 수 있는 기회가 될 것입니다.

"보드게임을 하면서 친구들의 생각을 알 수 있었습니다. 특히 친구들의 새로운 취향을 알게 되어 재미있었습니다. 제가 만든 질문에 친구들이 어떻게 반응할지 궁금해서 우리 모둠의 게임이 끝난 뒤에 다른 모둠의 활동을 봤는데 어떤 질문은 질문 자체가 두루뭉술해서 친구의 성격을 잘 알 수 없었습니다. 그래서 친구의 성격을 잘 알기 위해 어떤 질문을 하는 것이 좋을지 생각하게 되었습니다."

친구를 알 수 있는 질문 보드게임판

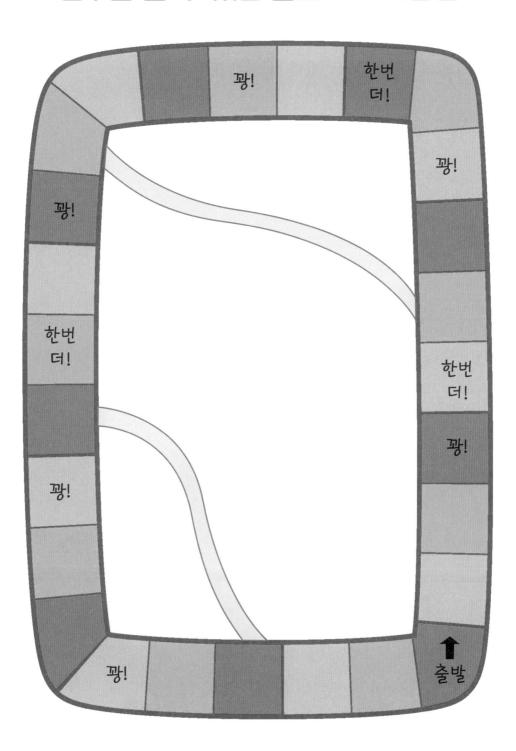

02

질문으로 공동체 참여하기

공동체 문제,
질문 탑 쌓기로 탐구하기

　자신이 소속된 공동체의 문제는 자신과 밀접하게 관련됩니다. 미세 먼지가 심하면 운동장에서 수업을 받을 수 없고, 부모님의 자동차 이용이 제한되기도 합니다. 플라스틱의 과도한 사용으로 인한 환경 오염이 문제가 되자 내가 이용하는 주스 가게에서 종이 빨대를 사용하기도 합니다. 하지만 많은 경우 학생들은 공동체의 문제에 대해 무관심하거나 나와는 상관없는 문제로 여길 때가 많습니다. '공동체 문제, 질문 탑 쌓기로 탐구하기'는 문제 상황을 분석하고 이를 해결할 수 있는 다양한 질문을 만든 뒤, 이를 공동체의 범주에 따라 구분하며 답해 보는 활동입니다. 이 활동을 통해 학생들은 나의 삶과 공동체가 서로 영향을 주고받는다는 사실을 깨달을 수 있으며, 질문을 활용하여 공동체가 겪는 문제의 원인과 해결 방법을 찾아보는 과정을 경험할 수 있습니다.

1 **'나'와 공동체의 관계 알아보기**
- '나'와 관련된 공동체를 생각해 보고 이를 나열한다.
- '나'를 중심으로 작은 단위에서 큰 단위로 동심원을 그리면서 자신이 속해 있는 공동체의 관계를 확인한다.

예

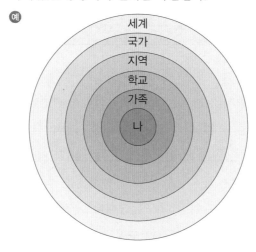

세계
국가
지역
학교
가족
나

2 **문제 설정 및 질문 만들기**
- 모둠별로 '나'와 관련이 있는 공동체 문제를 설정한다.
- 설정한 문제의 현상과 원인을 분석하고, 해결책을 모색하기 위한 질문을 개별적으로 만든다.

3 **질문 전시하고 비교하기**
- **2**단계에서 만든 질문을 교실 벽이나 칠판에 전시한다.
- 다른 친구들의 질문을 보면서 자신이 '나'를 중심으로 어떤 공동체까지 고려하여 질문을 만들었는지, 문제의 현상·원인·해결 중에서 어떤 부분에 대한 질문을 많이 만들었는지 생각한다.

4 **질문의 범주 구분하여 탑 쌓기**
- 모둠별로 자기 모둠의 질문을 모아 살펴보고 공동체의 범주에 따라 구분한다.
  예 세계, 국가, 지역, 학교, 가정, 개인
- 공동체의 범주에 따라 다른 색깔의 색지를 정한다. 색지를 삼각기둥 형태로 접어 종이 벽돌을 만들고, 한쪽 면에 그 종이 벽돌 색깔에 해당하는 범주의 질문을 하나씩 붙인다.

- '나'부터 더 큰 단위의 공동체로 올라가도록 종이 벽돌을 쌓아 질문 탑을 만든다.

5 질문 보충하기	• 만든 질문 탑을 보며 어떤 공동체 범주의 질문이 많거나 적은지 검토한다.
	• 상대적으로 질문의 개수가 부족한 범주의 질문을 추가로 만들어서 질문 탑을 보완한다.
6 질문에 답하면서 해결책 찾기	• 모둠원끼리 공동체 범주별로 질문에 답해 본다.
	• 개인으로부터 공동체가 확대되어 나가면서 해결책이 어떻게 달라질 수 있을지 생각한다.

■ 이 활동은 나와 공동체는 얼마나 관련이 있고 서로 어떤 영향을 주고받는지 이해하는 것을 목표로, 중학교 3학년 국어 수업 중 설득 관련 단원에서 문제 해결을 위해 무엇을 먼저 고민해야 하는지를 다룰 때 활용하였습니다. 우선 자신이 속한 공동체를 나열해 보고, 이를 작은 것부터 큰 것으로 확대되는 동심원으로 표현하도록 했습니다. 이를 통해 학생들은 자신이 다양한 공동체에 소속되어 있으며 이러한 공동체와 영향을 주고받는 관계에 있다는 것을 알 수 있었습니다.

■ 다음으로, 모둠별로 '나'와 관련된 공동체 문제를 설정하고 이에 대한 질문을 개별적으로 만들어 보게 했습니다. 이때 문제의 현상과 원인, 해결 등으로 항목을 나눠 질문을 만들어 보라고 안내하였더니, 학생들이 좀 더 수월하고 구체적으로 질문을 만드는 모습을 보였습니다. 문제를 만든 뒤에는 각자 교실에 전시하여 서로의 문제의식을 공유하도록 했습니다.

■ 이어서 각 모둠별로 질문을 공동체 범주에 따라 분류해 보도록 했습니다. 학생들은 그 과정에서 자신의 질문 성향을 확인할 수 있었습니다. 학생들은 대체로 개인 중심의 질문을 많이 하였고, 국가나 세계 등 다소 큰 공동체와 관련된 질문도 비교적 잘 만들었습니다. 그런데 지역이나 학교와 같이 중간 수준의 공동체와 관련된 질문은 만들기 어려워하는 경우가 많았습니다. 질문이 특정 공동체 범주에 편중되면 문제의식을 가지고 해결 방향을 모색하는 활동이 부실해지기 때문에 부족한 범주의 질문을 보충하도록 했습니다. 다음은 '플라스틱 쓰레기 처리 문제'에 대해 학생이 질문을 만들고 분류한 사례입니다.

학생들이 만든 질문	분류
현상과 관련된 질문	
"우리 집에서는 플라스틱 쓰레기가 얼마나 나올까?"	가정
"학교에서 플라스틱을 잘 분리하고 있는가?	학교
"플라스틱과 다른 물질이 섞여 있는 것은 어떻게 재활용될까?"	지역

"플라스틱은 모두 재활용될 수 있을까?"	세계
"플라스틱 때문에 우리나라가 피해를 보는 것은 없을까?"	국가
"플라스틱을 제조하거나 생산하는 국가는 어디인가?"	세계
원인과 관련된 질문	
"플라스틱은 무엇으로 만들까?"	세계
"플라스틱 쓰레기는 어디로 갈까?"	지역
"바다에는 왜 플라스틱 섬이 생길까?" →	세계
"플라스틱은 왜 썩지 않을까?"	세계
해결과 관련된 질문	
"플라스틱을 줄이는 것이 우리 집에는 어떤 영향을 줄까?"	가정
"플라스틱 쓰레기는 모두 소각할 수 없을까?"	국가
"플라스틱 없이 살 수는 없을까?"	개인
"플라스틱 사용을 어떻게 줄일 수 있을까?"	개인

이럴 때는 이렇게

▨ **자신이 속한 공동체를 잘 모른다고 할 때** 시각화된 동심원을 그려보면 다양한 공동체에 속해 있는 자신의 모습을 생각해 볼 수 있습니다. 다만, 자신이 속한 공동체를 체감하지 못하거나 공동체의 규모가 비슷하다고, 생각하여 너느 것이 더 큰 단위인지 구분하기 어려워할 때가 있습니다. 자신이 알 수 있는 작은 단위에서 시작해서 점차 확대되는 방향으로 공동체를 찾아 볼 수 있도록 하고, 국가나 세계처럼 큰 단위의 공동체 안에 어떤 작은 공동체가 존재할 수 있을지 떠올려 보도록 안내할 수 있습니다.

▨ **질문의 범주 구분이 어렵다고 할 때** 질문을 공동체별로 범주화하는 것이 쉽지는 않습니다. 이 경우에는 질문에 대해 답할 수 있거나 가장 큰 영향을 미치는 공동체가 무엇인지 질문하고 답하면서 범주를 변별하도록 지도할 수 있습니다. 예를 들어, '플라스틱 쓰레기는 어디로 갈까?'라는 질문은 우선 지역 범주의 문제로 분류할 수 있습니다. 우리가 가정이나 학교에서 분리 배출한 플라스틱 쓰

레기는 일반적으로 지자체 단위로 수거되고 소각되거나 재활용되기 때문입니다. 다만, 우리나라에서 처리하지 못한 플라스틱 쓰레기가 저개발 국가로 수출되는 상황을 고려하면 이 문제는 국가나 세계 차원의 문제로 볼 수도 있습니다. 따라서 각 질문들은 자신이 생각하는 해결 주체와 범위를 고려하여 분류하도록 안내합니다.

이렇게도 할 수 있어요

▶ 학급 단위로 일상적인 활동을 수행하면서 공동체의 문제를 찾고 해결 방법을 모색하는 활동을 진행할 수 있습니다. 예를 들어, 학생들이 함께 음식을 조리하고 정리하는 과정을 체험하면서 여러 공동체 문제에 대한 질문을 만들어 보고 그 해결 방법을 고민해 보는 것입니다. 재료 구입, 조리, 뒤처리를 직접 해 보면서 학생들은 식재료가 어디에서 오고 어디로 가는지에 대한 생생한 질문을 만들고 이를 통해 공동체 문제에 참여할 수 있습니다. 이 활동을 할 때는 간단히 조리할 수 있는 음식을 고르고, 중간 중간 선생님이 "식재료의 포장지에서 원산지를 확인하고 우리 지역에서 얼마나 먼 곳에서 오는지 알아보자."와 같은 안내를 해 주도록 합니다. 다음은 학생들이 만든 질문의 예입니다.

조리 준비
"참치는 어디에서 왔을까? TV에서 봤던 생 참치와는 다른데, 통조림에 든 참치는 어떻게 보관되었을까?"
"라면의 주재료인 밀가루는 국내산이 아니었다. 그렇다면 미국이나 호주에서 생산된 밀가루가 먼 거리를 이동하기 위해서는 어떤 처리를 해야 할까?"

조리 중
"음식 조리 과정에서 생각보다 많은 에너지(전기, 가스 등)를 사용한다. 에너지를 줄이면서 조리할 수 있는 방법에는 어떤 것이 있을까?"

조리 후
"기름기가 많은 설거지를 할 때에는 세제를 많이 사용해야 하는데, 이것이 환경에는 어떤 영향을 미칠까? 이를 줄이는 방법에는 어떤 것이 있을까?"

"음식을 먹고 난 뒤 생긴 잔반과 음식물 쓰레기가 생각보다 많았다. 이를 줄이기 위해서는 어떻게 해야 할까?"

"음식물 쓰레기는 가축의 사료로도 쓰인다고 했는데, 이렇게 맵고 짠 음식도 가축이 먹을 수 있을까?"

▨ 텃밭을 가꾸며 공동체와 관련된 질문을 할 수도 있습니다. 학교 옥상이나 운동장에 텃밭을 만들고 가꾸면서 공동체의 문제를 발견하고 해결책을 모색해 봅니다. 학생들은 다음과 같은 질문을 만들었습니다.

"모종이나 씨앗들은 어디서 오는 것인가?"

"모종이나 씨앗 회사는 외국 회사가 많다고 하던데 어느 정도인가?"

"작물들은 물을 생각보다 많이 주어야 하는데, 농사를 지을 때 얼마나 많은 물이 필요할까?"

"작물을 생산하는 원가와 소비자에게 판매되는 가격의 차이는 왜 생길까?"

"작물이 잘 자라기 위해서는 좋은 흙을 유지해야 하는데, 그러기 위해서는 어떻게 해야 하는가?"

우리의 질문으로 만드는
더 나은 공동체

어떤 문제를 해결하기 위해서는 많은 비용과 노력, 시간이 필요합니다. 그런데 문제에 대한 특정한 해결 방법이 모든 측면에서 긍정적인 효과만을 가지고 있는 것이 아닙니다. 어느 한쪽에서는 좋은 결과를 만들더라도 다른 한쪽에서는 부정적인 영향이 나타나기도 합니다. 또한 이해관계가 상충되는 문제일수록, 한쪽만 고려하여 의사 결정을 내리면 문제가 해결되기보다 오히려 갈등이 더 커질 수도 있습니다. '우리의 질문으로 만드는 더 나은 공동체'는 질문으로 장단점을 분석하고 이에 답하면서 공동체의 문제를 해결해 보는 활동입니다. 이 활동을 통해 공동체의 문제를 해결하는 능력뿐만 아니라, 질문을 통해 문제를 둘러싼 다양한 측면을 분석하는 능력을 키울 수 있습니다.

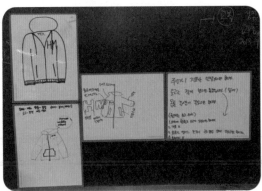

1 **장단점
분석 방법 알기**

- 문제와 해결 방법의 장단점을 분석하고 다듬는 방법인 PMI 기법을 이해한다. PMI 기법을 이용하면 문제의 여러 측면을 다각적으로 검토할 수 있고, 이를 바탕으로 다양하고 깊이 있는 질문을 만들 수 있다.

> PMI 기법
>
> Plus: 좋은 점, 좋아하는 이유, 긍정적인 측면
>
> Minus: 나쁜 점, 싫어하는 이유, 부정적인 측면
>
> Interesting: 흥미로운 점

2 **해결해야 할
문제 파악하기**

- 공동체 문제 중 함께 해결하고 싶은 문제를 선정하고, 그 문제가 중요한 이유를 생각한다.

  예 [문제]

  "어떤 교복 디자인을 선택할 것인가?"

  [중요한 이유]

  "우리가 하루 종일 입고 있다."

  "학교 밖에서도 이 교복을 입어야 한다."

  "교복을 입으면서도 멋을 내고 싶다."

- 질문의 대상을 직접 살펴보고 분석한다.

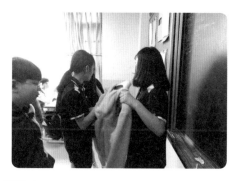

3 **문제를
해결할 수 있는
질문 만들기**

- 문제를 해결하기 위해 필요한 질문을 다양하게 만든다.

  예 "교복을 입지 않을 수 있을까?"

  "교복을 부분적으로 바꿀 수는 없을까?"

  "교복과 같은 기능을 하는 체육복을 입을 수는 없을까?"

4 **질문을**
PMI로 구분하기

- 앞에서 만든 질문을 장점, 단점, 흥미로운 점과 관련된 질문으로
  구분한다.

  例 [장점과 관련된 질문]

  "새로운 교복을 입었을 때 기존의 교복보다 편한가?"

  "새로운 교복은 계절에 상관없이 입을 수 있는가?"

  [단점과 관련된 질문]

  "지금의 교복보다 가격이 얼마나 비싼가?"

  "교복을 바꾸는 데 어느 정도 비용이 드는가?"

  [흥미로운 점과 관련된 질문]

  "후드를 탈부착이 가능하게 할 수 있는가?"

  "후드 끈을 조절하는 것은 도움이 될까, 불편할까?"

5 **잠정적인**
문제 해결 방법
선정하기

- PMI로 구분한 질문에 답해 본다.

- 장점을 최대화하고 단점을 최소화할 수 있는 잠정적인 문제 해결
  방법을 선정한다.

- 흥미로운 점 중에서 문제 해결에 도움이 되는 내용이 있는지
  살펴본다.

6 **최종적인**
문제 해결 방법
결정하기

- 잠정적인 문제 해결 방법이 어떤 단점을 가지고 있는지 생각해 본다.

  例 새로운 교복을 추가로 구입해서 비용이 발생한다.

- 그 단점을 최소화하거나 해결할 수 있는 질문을 만들고, 그 질문에
  답한다.

  例 "가격을 저렴하게 할 수 있는 방법에는 어떤 것이 있을까?" → 재학생은
  새로운 교복을 구매하지 않고 기존의 교복을 입을 수 있도록 한다.

- 문제 해결 과정에서 제기된 다양한 질문과 답을 종합하여 최종적인
  문제 해결 방법을 결정한다.

이렇게 했어요

- '질문으로 공동체의 문제를 분석하고 해결한다.'라는 학습 목표를 바탕으로 중학교 2학년 학급 자치 활동 시간에 이 활동을 적용해 보았습니다. 이 활동에서 학생들은 공동체 문제로 '교복 문제'를 선정하고, 교복을 바꿀 방안을 결정하기 위해 다양한 질문을 만들었습니다. 그리고 이 질문들을 교복의 장점과 단점, 그리고 새로운 아이디어를 도출할 수 있는 흥미로운 점과 관련된 질문으로 분류하였습니다. 다음은 학생들이 분류한 질문의 예입니다.

> 장점과 관련된 질문
> "예전 교복보다 디자인이 세련되고 예쁜가?"
> "기존의 교복보다 따뜻한가?"
> "봄가을과 간절기에도 입을 수 있는가?"

> 단점과 관련된 질문
> "오염된 부분이 눈에 잘 띄지 않을까?"
> "옷감에 따라 번들거리거나 보풀이 일어나지 않을까?"
> "소매가 너무 조여서 불편하지 않을까?"

> 흥미로운 점과 관련된 질문
> "학교 로고는 어디에 부착하는 것이 좋을까?"
> "개인 이름표를 부착해야 할까?"
> "다른 학교의 교복과 차별화될 수 있는 부분이 있을까?"

- 학생들은 분류한 질문에 답하면서 자신들이 원하는 교복에 대한 아이디어를 만들었습니다. 이후 단점을 최소화할 수 있는 질문을 추가로 만들고 답하는 활동을 하며 새로운 교복 구성안을 결정하고 발표하였습니다. 학생들은 질문을 통해 공동체의 문제를 파악하고 민주적으로 해결하는 경험을 할 수 있었습니다.

■ **흥미로운 점과 관련된 질문을 잘 만들지 못할 때** 학생들은 특히 흥미로운 점과 관련된 질문을 만들기 어려워합니다. 그러므로 문제에 접근하는 새로운 시각이 흥미로운 점으로 연결될 수 있다는 것을 안내해 줍니다. 예를 들어, 학교 로고의 형태나 위치 등 교복 디자인 문제에서 간과되기 쉬운 요소에 대해 고민해 보도록 하면 학생들이 흥미로운 점과 관련된 질문을 만드는 데 도움을 줄 수 있습니다.

■ **질문에 대한 답이 다른 질문의 답과 상충될 때** 어떤 질문에 대한 답이 다른 질문의 답과 충돌하는 경우 학생들은 그 질문을 장점과 단점 중 어디에 넣을지 혼란스러워 합니다. 예를 들어, "교복의 내구성이 좋은가?"는 장점과 관련된 질문으로 만들었지만, "교복이 비싼가?"라는 질문에 답을 하는 과정에서 단점으로 고려될 수도 있습니다. 이럴 때에는 장점과 단점 중 어느 쪽이 더 큰지, 공동체의 관점에서 우선해야 할 질문은 무엇인지 등을 고려해 보게 합니다.

■ '질문 공 던지기' 활동을 활용하여 공동체의 문제에 관한 자신의 생각을 발전시킬 수도 있습니다. 이 활동은 A4 용지에 자신의 질문을 적고 이를 공처럼 뭉쳐 친구에게 던지면, 공을 받은 친구가 뭉친 종이를 펼쳐서 질문에 답을 하거나 또 다른 질문을 적  은 뒤 다시 뭉쳐 던지는 방식으로 진행됩니다. 질문 공을 주고받는 과정을 서너 차례 반복한 다음, 자신의 질문 공을 돌려받아서 처음의 질문을 수정해 봅니다. 이 활동을 통해 학생들은 자신이 생각하지 못했던 부분에 대한 친구들의 의견을 보면서 생각의 폭을 넓히거나 그 방향을 수정하여 문제를 종합적으로

판단할 수 있습니다. 다음은 '질문 공 던지기'를 하며 학생들이 질문을 만들고 수정한 과정입니다.

시작 질문	'첫술에 배부르랴'라고 하지만 '될성부른 나무는 떡잎부터 알아본다'고 했다. 어차피 되지 않을 길이라면 빨리 포기하는 것이 빠르지 않을까?

↓

친구의 반응	1. 처음부터 너무 큰 기대를 하는 것은 맞지 않는 것 같아. 공부할 때 1시간 공부하고 바로 성적이 오르는 것을 기대하는 것은 아니지 않니? 2. 꾸준한 노력은 배신하지 않는다고 하더라고. 노력하다 보면 처음에는 미미했던 것도 나중에는 괜찮은 결과로 돌아오지 않을까? 3. 떡잎부터 다른 경우도 있지만 '미운 오리 새끼'처럼 처음에는 부족하지만 나중에 더 나은 경우도 있어.

↓

수정한 질문	사람에 따라 처음부터 성공하는 경우도 있고 나중에 성공하는 경우도 있다. 나중에라도 성공하기 위해서는 무엇을 해야 할까? [수정한 이유] 성급하게 포기하는 것보다 노력하고 좋은 결과를 기다리라는 친구의 말을 보고 나의 질문을 수정했다.

▪ PMI 분석 대신 SWOT 분석을 활용할 수도 있습니다. SWOT 분석은 사안 내부의 장점 및 단점과 외부의 위기 및 기회를 살피고, 이를 활용하여 문제를 해결하는 기법입니다. 다음은 교복 문제의 해결책 중 '교복을 폐지하고 자유복으로 바꾼다.'라는 방안에 대해 SWOT 분석을 활용하여 만든 질문입니다.

장점(Strengths) – 내부	단점(Weaknesses) – 내부
"자신의 개성을 표현할 수 있을까?" "교복의 불편함을 해소할 수 있을까?"	"빈부 격차가 드러나지는 않을까?" "외모를 꾸미는 데 더 많은 시간을 쓰지는 않을까?"
자유복 도입 시 SWOT 분석	
기회(Opportunities) – 외부	위기(Threats) – 외부
"나의 개성을 학교 밖에서도 자유롭게 드러낼 수 있을까?" "내 소속을 드러내고 싶지 않을 때 감출 수 있을까?"	"학생이 학교 밖에서 학생 신분에 맞지 않은 일을 많이 하지 않을까?" "학생과 일반인이 구분되지 않아서 보호를 못 받지는 않을까?"

세상에 질문을 던지다

최근 영상 공유 사이트를 즐겨 찾는 학생들이 많습니다. 그런데 영상 공유 사이트에는 양질의 콘텐츠도 있지만 자극적인 말과 장면으로 청소년을 현혹하는 콘텐츠도 있습니다. 따라서 수많은 콘텐츠 중에서 자신에게 유용한 콘텐츠를 가려내기 위해서는 이를 변별할 수 있는 기준이 필요합니다. '세상에 질문을 던지다'는 좋은 채널을 선별하기 위한 질문을 만들고, 이를 바탕으로 자신이 즐겨 찾는 채널을 평가해 보는 활동입니다. 학생들은 자신이 특정 채널을 즐겨 찾는 이유에 대한 질문을 만들고 이에 답해 봅니다. 이후, 질문과 답을 바탕으로 좋은 채널의 요건을 정리하고 좋은 채널을 선별하기 위한 질문 목록을 구성하여 자신이 즐겨 찾는 채널을 점검합니다. 이러한 활동을 통해 학생 스스로 콘텐츠를 평가하고, 해당 채널의 문제점을 인식하는 경험을 할 수 있습니다.

1 **특정 채널을 즐겨 찾는 이유 생각하기**

- 자신이 영상 공유 사이트에서 어떤 채널을 즐겨 찾는지 생각해 보고, 그 채널을 즐겨 찾는 이유를 붙임쪽지에 적는다.

- 각자 적은 붙임쪽지를 모둠별로 모은다.

  예 내가 좋아하는 게임에 대해 다루고 있다.

  콘텐츠가 신기하고, 다양하다.

  재미있고 유튜버가 말을 잘한다.

  다양한 이벤트가 있어 흥미롭다.

  유튜버가 잘생겼거나 예쁘다.

  원래 내가 좋아했던 연예인이 나온다.

  섬네일이 재미있다.

2 **질문 만들기**

- 모둠별로 붙임쪽지들을 살펴보고, 이들을 분류할 수 있는 여러 요인들을 찾아본다.

  예 유튜버 요인, 이벤트 요인, 섬네일 요인, 콘텐츠 요인

- 각각의 요인에 해당하는 질문을 만든다.

3 **질문에 답하면서 좋은 채널의 요건 생각하기**

- 모둠원과 함께 **2** 단계에서 만든 질문에 답해 본다.

- 질문과 답을 바탕으로 좋은 채널의 요건은 무엇인지 생각해 본다.

  예 [질문]

  "나는 왜 매일 섬네일에 낚일까?"

  [답]

  섬네일과 실제 영상이 차이가 나는 경우가 많았다. 그럴 때는 속았다는 생각이 들거나 해당 채널에 대해 실망하게 된다. 그런데 이것은 유튜버가 조회수를 높이기 위해 사용하는 잘못된 방법에 현혹되어서 그렇다.

  [좋은 채널의 요건]

  좋은 채널은 섬네일이 실제 영상을 대표할 수 있거나 크게 차이가 나지 않아야 한다.

- 모둠별로 좋은 채널의 요건을 작성한다.

4 좋은 채널을 선별하기 위한 질문 만들기	• 특정 채널이 **3** 단계에서 정리한 좋은 채널의 요건을 충족하는지 확인할 수 있는 질문들을 만든다.

4 **좋은 채널을 선별하기 위한 질문 만들기**

• 특정 채널이 **3** 단계에서 정리한 좋은 채널의 요건을 충족하는지 확인할 수 있는 질문들을 만든다.

　　예 "섬네일은 실제 내용과 관련이 있는가?"

　　　 "유튜버는 해당 콘텐츠에 전문성이 있는가?"

　　　 "유튜버는 바른말을 사용하는가?"

　　　 "'좋아요'와 구독자를 늘리기 위해 어떤 방법을 쓰는가?"

　　　 "시청자나 다른 사람들을 배려하고 존중하는가?"

　　　 "콘텐츠에 담긴 정보는 정확한가?"

• 중복되는 질문은 합치고 부적절한 질문은 삭제하여 좋은 채널을 선별하기 위한 질문 목록을 완성한다.

5 **채널 평가하기**

• 질문 목록을 가지고 각자 즐겨 찾는 채널을 점검한다.

• 각자 점검한 결과를 모둠원과 공유한다.

• 점검한 채널의 문제점을 개선할 방법을 생각해 보고, 이를 해당 채널에 댓글 형태로 게시한다.

■ '매체를 비판적으로 읽을 수 있다.'라는 학습 목표를 바탕으로 중학교 3학년 국어 시간에 이 활동을 적용하였습니다. 먼저 학생들에게 자신이 영상 공유 사이트에서 특정 채널을 즐겨 찾는 이유를 쓰게 했더니 다양한 대답이 나왔습니다. 이후 학생들은 모둠별로 대답을 모으고 이들을 분류할 수 있는 요인을 찾은 뒤, 각각의 요인별로 질문을 작성하였습니다. 다음은 학생들이 만든 질문의 예입니다.

> 유튜버 요인
>
> "유튜버는 해당 콘텐츠에 대해 잘 알고 있는가?"
>
> "나는 왜 유튜버의 외모를 따질까?"
>
> "나는 왜 저 유튜버가 하는 말을 다 믿게 될까?"

> 콘텐츠 요인
>
> "게임을 해설하는 채널은 많은데 왜 그 채널을 즐겨 찾을까?
>
> "내가 즐겨 찾는 채널에서 제공하는 정보는 정확할까?"

> 이벤트 요인
>
> "나는 왜 선물을 받지도 못하면서 이벤트를 한다고 하면 채널을 방문할까?"
>
> "이벤트로 정말 이득을 보는 사람은 누구일까?"

> 섬네일 요인
>
> "나는 왜 매일 섬네일에 낚일까?"
>
> "나는 섬네일에 어떤 말이 있을 때 그 채널을 방문할까?"

■ 학생들은 모둠별로 질문에 답을 하였고, 이를 토대로 좋은 채널을 선별하기 위한 질문 목록을 구성하였습니다. 그리고 이 질문 목록으로 점검표를 만들어 자신이 즐겨 보는 채널을 점검하고 그 결과를 모둠원과 공유하였습니다. 이를 통해 학생들은 매체를 접하는 기준에 대해 함께 생각해 볼 수 있었습니다. 다음은 학생들이 만든 질문 목록과 특정 채널에 대해 점검한 결과의 예입니다.

세상을 변화시키는 질문 만들기 2

학년 반 번호_____ 이름_____

◆ 좋은 사이트와 나쁜 사이트를 구분하는 점검표(체크리스트 만들기)(조별)

	질문	이유
1	사람들에게 좋임말을 써서 사람들을 깨버리지는 않는가?	타인을 깎아내리지 않는 것은 기본적으로 가져야 할 상식이므로
2	몰래카메라를 심하게 사용하여 사람에게 피해를 주진 않는가?	타인 몰래 장난을 심하게 쳤다면 타인이 진심으로 기분이 나빠질 수 있으므로
3	하면 안되는 행동(해킹 등)을 시도하는 행동은 하지 않는가?	해킹 등은 사회적으로 여러 사람들에게 피해를 주는 행동이므로
4	진행자가 부모님을 공경하는 태도를 보이는가?	부모님을 공경하는 것이야말로 그 사람이 도덕적인지 아닌지 판단할 수 있으므로
5	구독자를 늘리기 위해서 모으기 위해 무리한 콘텐츠를 진행하지는 않는가?	사람들에게 즐거움이 아니라 자신의 이익만을 위해서 콘텐츠를 진행하는지 판단할 수 있으므로
6	진행자가 타인에게 폐를 끼치는 행동을 하는가?	채널을 진행하면서 아무 관계도 없는 사람들에게 타인에게 불쾌감을 느끼게 하는 모습이 보이므로
7	동물을 학대하거나 약자를 괴롭히지는 않는가?	동물을 못대하거나 약자를 괴롭히는 행동은 비겁하고 야비한 행동이므로
8	정치적 비판 발언을 (ex. 태극기, 문지) 하지는 않는가?	정치적 비판 발언을 하는 행동은 사회적으로 논란이 되므로
9	국가 유공자, 독립운동가, 민주화 인물, 사고 희생자 등의 뒤를 욕되게 하거나 고인이나 사고피해자를 조롱하거나 모욕하는 언어 표현을 사용하는가?	고인이나 사고 피해자를 욕되게 하거나 조롱하는 것은 옳지 않은 행동이므로
10	구독자들을 상대로 사기를 치지 않는가?	구독자들을 상대로 사기를 치는 것은 신뢰가 깨지는 비도덕적인 행동이므로

좋은 채널을 선별하기 위한 질문 목록

◆ 좋은 사이트와 나쁜 사이트를 구분하는 점검표(체크리스트 만들기) 적용해 보기(조별)
내가 점검한 영상 공유 사이트의 채널:
해당 채널의 주된 내용: 게임, 나눔, 리뷰 등
진행 또는 내용 구성 방식: 각 영상의 소개대로 콘텐츠를 진행하고 집중되게 재미있게

	질문	판단 근거(구체적 사례)	판단
1	사람들에게 좋임말을 써서 특정 인물을 깎아 내리지 않는가?	'모으는'라는 좋임말이 여럿을 형호하고 비판하는 말하는 의견이 있었다고 진심은 사실이 아니므로 의미	No
2	몰래카메라를 심하게 사용하며 다른 사람에게 피해를 주진 않는가?	시청자들을 상대로 비지 내리지 몰래카메라를 진행하는 시청자를 훈련에 반드시 한 적이 있다	Yes
3	하면 안되는 행동, 해킹 등을 시도하는 행동은 하지 않았는가?	해킹은 어제까면 데이트 폭력 논란이 확산에서 자신의 폭행, 폭언을 인정하고 행하란 내가 있다	Yes 있다
4	진행자가 부모님을 공경하는 태도를 보이는가?	어버이날 부모님에게 직접 음식 의하거나 진심을 전달하며 영상이 있다	Yes
5	구독자 아니 늘려요 모으기 위해서 무리한 콘텐츠를 진행하지는 않았는가?	구독자 수와 순위를 자꾸 더 늘려며 이벤트로 자극 진행하게끔 유해는 콘텐츠는 아니다	No.
6	진행자가 타인에게 폐를 끼치는 행동을 하였는가?	이미 해명을 진실이 끝난 데이트 폭력 사건 이외에는 논란이 된 바가 없다	No.
7	동물을 학대하거나 약자를 괴롭히지는 않는가?	'미인'이라는 반려견을 가두는 줄이며 아끼고 집하주는 모습을 보여준다	No.
8	정치적 비판 발언을 하는가?	정치적 비판 발언을 하여 논란이 되거나 구설수가 오른 바가 없다.	No.
9	국가 유공자, 독립운동가, 민주화 인물, 사고 희생자들의 뒤를 욕되게 하거나 고인이나 사고 피해자를 욕하거나 조롱하거나 모욕하는 언어 표현을 사용하는가?	포인이나 사고 희생자들을 욕되, 조롱, 욕하는 발언이나 모욕적인 언어 표현을 사용하는 건 진절한 언행을 보기 힘들다	No.
10	구독자들을 상대로 사기를 치지 않는가?	구독자들에게 나눔을 하거나 3년 모은 적금을 푸는 등 진행하게 물 나눔을 진행하는 모습을 보인다.	No.

선정한 채널에 대한 점검표

이럴 때는 이렇게

■ 콘텐츠의 재미에만 치중하여 판단할 때 자신이 즐겨 찾는 채널이 재미있다는 이유로 채널을 제대로 분석하지 않는 학생들이 있습니다. 이때에는 학생들이 유튜버의 말투나 태도와 같은 특정 요소에 국한되지 않고, 채널의 전체적인 모습을 살필 수 있도록 해야 합니다. 학생들에게 유튜버, 콘텐츠, 이벤트, 섬네일 등 다양한 측면을 고려하여 채널에 대해 꼼꼼하게 분석하도록 안내합니다.

■ 자신이 즐겨 찾는 채널에 문제가 없다고 생각할 때 학생들이 자신이 즐겨 찾는 채널에 특별한 문제가 없다고 생각한다면, 청소년 유해 채널과 그렇지 않은 채널을 비교해 보게 합니다. 두 채널 사이에 어떤 차이점이 있는지 찾아보고, 이를 바탕으로 자신이 즐겨 찾는 채널의 문제점을 발견하도록 하는 것입니다. 또는

학생들이 쉽게 생각해 보지 못하는 부분, 예를 들면 저작권이나 초상권과 같은 사회적·윤리적 문제, 미디어 환경 등과 관련하여 자신이 즐겨 찾는 채널을 분석해 보게 할 수도 있습니다.

이렇게도 할 수 있어요

▰ 다른 사람이 만든 영상을 평가하는 것에 머무르지 않고, 자신이 직접 콘텐츠를 만든다면 어떻게 해야 할지 생각해 보게 할 수 있습니다. 좋은 콘텐츠를 선별하기 위해 만든 질문 목록을 활용하여 내가 만들 콘텐츠가 갖추어야 할 요건을 탐색하게 합니다. 다음은 좋은 콘텐츠를 제작하기 위한 준비 단계에서 할 수 있는 질문의 예입니다.

> "나는 왜 이 콘텐츠를 만들려고 하는가?"
>
> "나는 이 콘텐츠를 만드는 데 필요한 내용을 충분히 알고 있는가?"
>
> "조회수를 높이기 위해 내가 사용할 수 있는 전략은 무엇인가?"
>
> "저작권을 지키면서 다른 사람의 자료를 인용하려면 어떻게 해야 할까?"
>
> "콘텐츠의 좋은 점을 부각시켜 많은 사람들이 영상을 볼 수 있게 하려면 섬네일을 어떻게 구성해야 할까?"
>
> "시청자와 타인을 배려하고 존중하는 모습을 보이기 위해서는 어떻게 말하고 행동해야 할까?"
>
> "혐오나 차별을 드러내는 표현을 사용하지 않기 위해서는 사전에 어떤 준비를 해야 할까?"

세상에 질문을 던지다

학년   반   번 이름:

1 영상 공유 사이트에서 좋은 채널을 선별하기 위한 질문을 만들고, 그 이유도 함께 적어 봅시다.

	질문	이유
1		
2		
3		
4		
5		
6		
7		
8		
9		
10		

2 앞에서 만든 질문 목록을 활용하여, 자신이 즐겨 찾는 채널이 좋은 채널인지 나쁜 채널인지 판단해 봅시다.

• 내가 점검한 영상 공유 사이트의 채널:

• 해당 채널의 주된 내용:

• 진행 또는 구성 방식:

	질문	판단 근거(구체적 사례)	판단
1			
2			
3			
4			
5			
6			
7			
8			
9			
10			

■ 메모